# Mona Lisa
## und die anderen

**Alice Harman**

**Illustrtriert von**

**Quentin Blake**

**MIDAS**

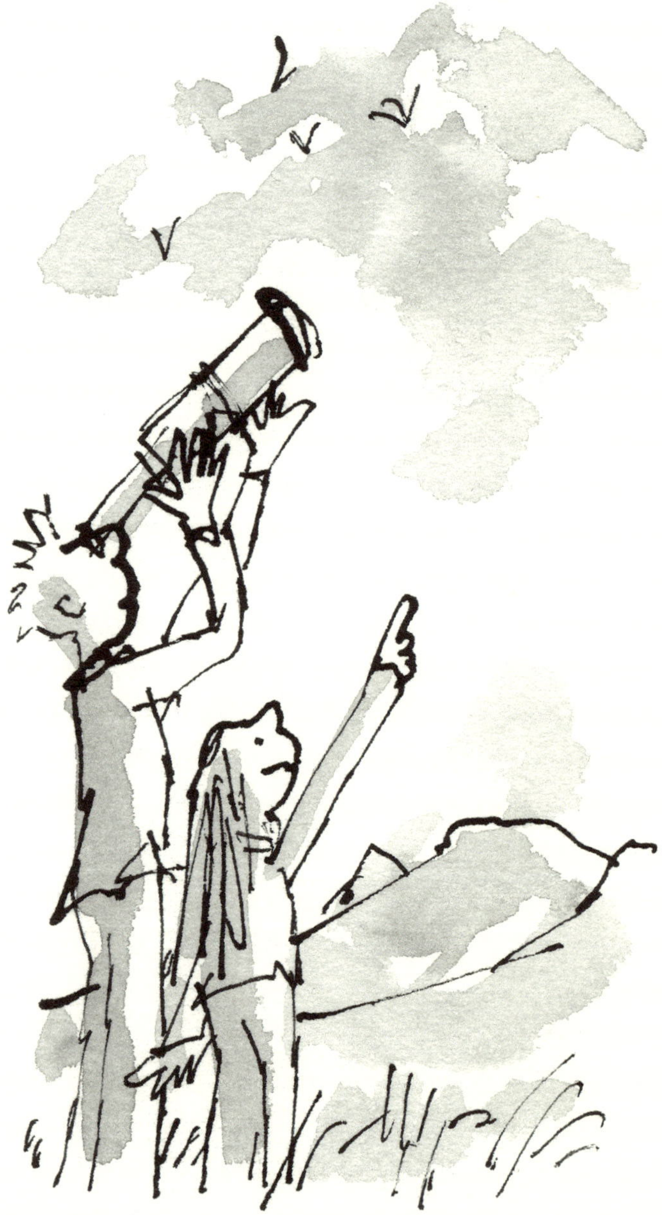

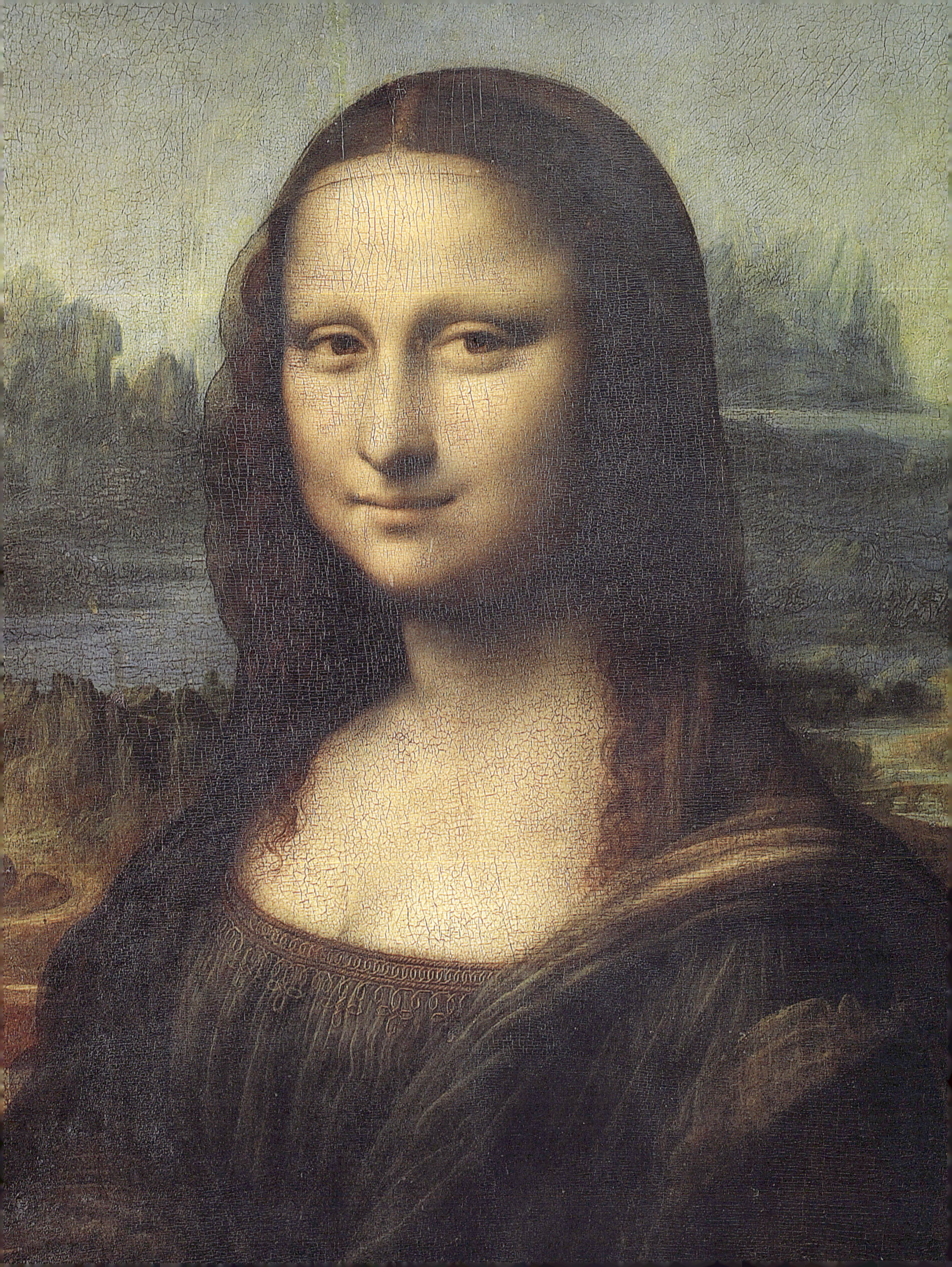

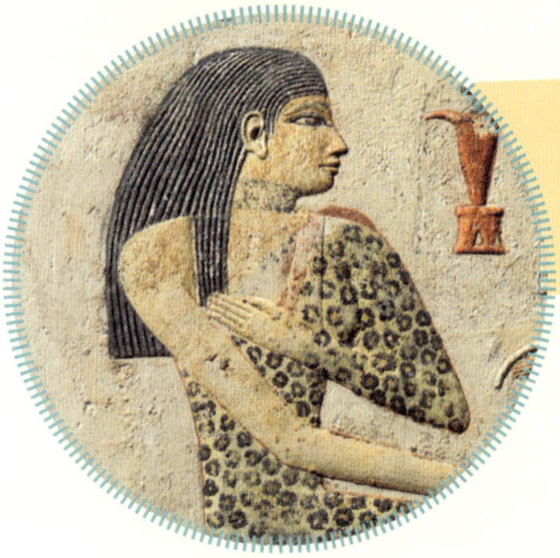

# Inhalt

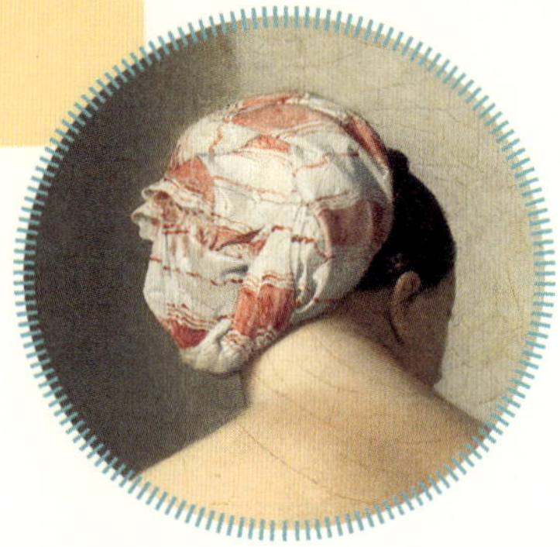

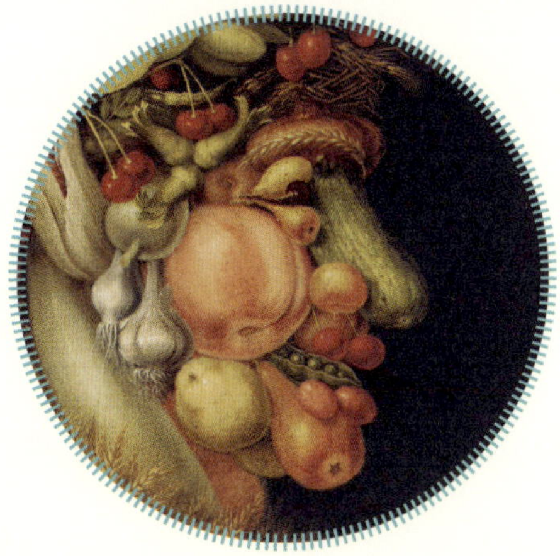

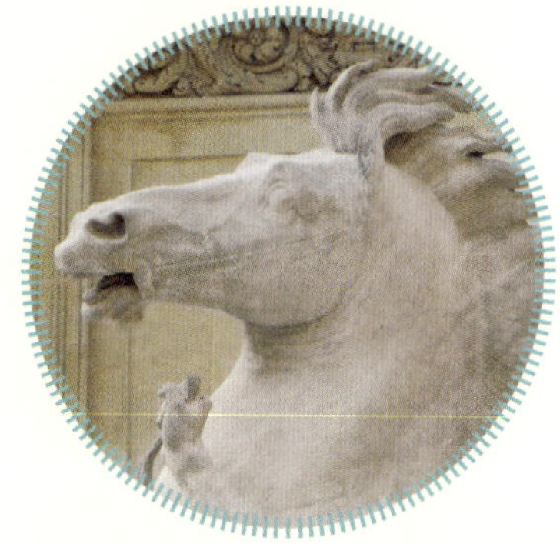



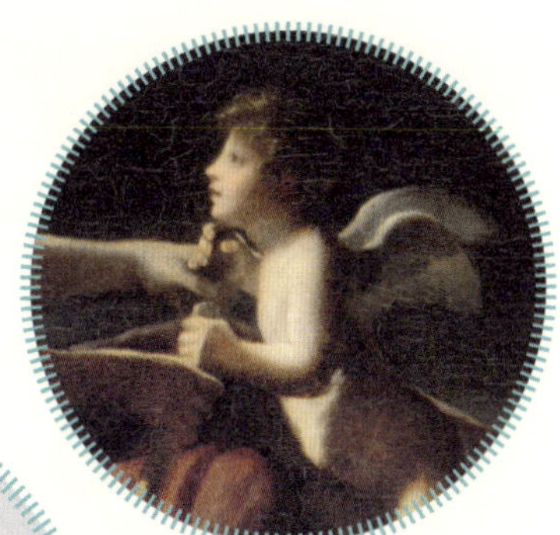

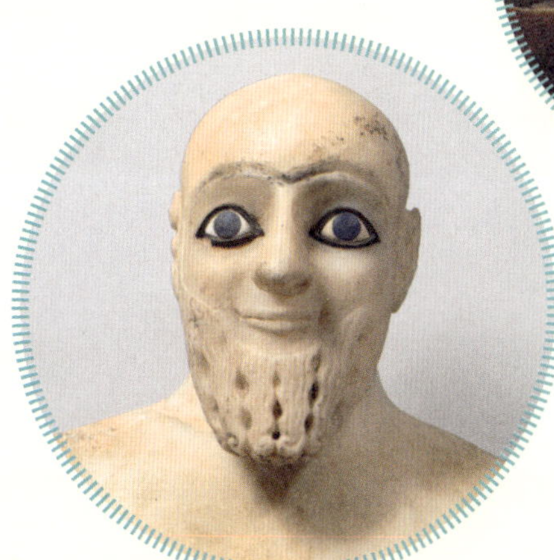

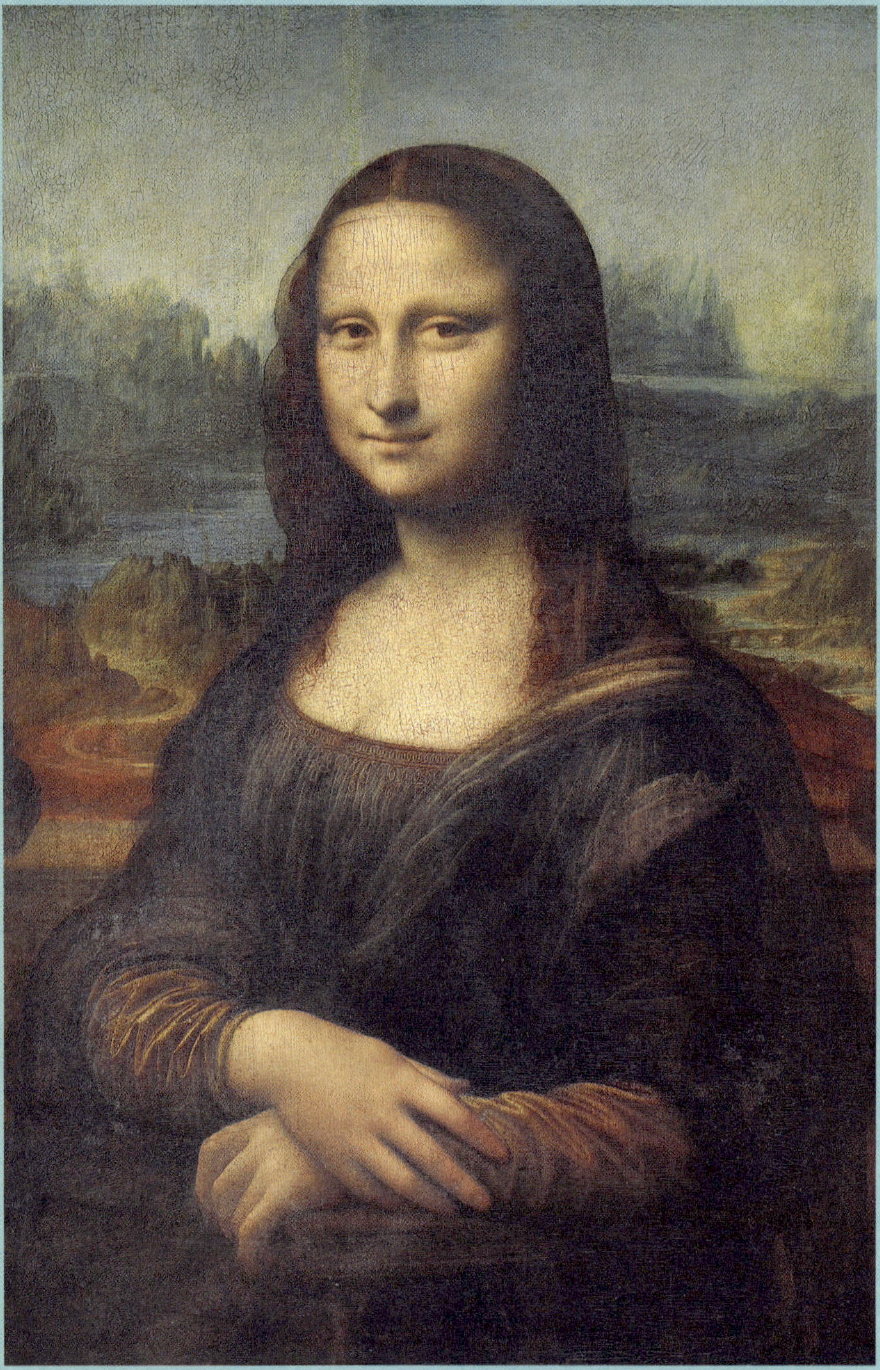

**LEONARDO DA VINCI** (1452–1519)

# Mona Lisa

**1503–1519** Ölfarbe auf Holz

Leonardo da Vinci war ein italienischer Maler, Ingenieur, Bauzeichner, Bildhauer, Architekt und Wissenschaftler. Er lebte und arbeitete zur Zeit der Renaissance.

# Willkommen!

Hallo, tut mir leid, es ist nicht so einfach, sich selbst vorzustellen. Es fühlt sich komisch an, weil ich wahrscheinlich das **berühmteste Bild der Welt** bin. Aber darauf bilde ich mir eigentlich gar nichts ein.

Dabei kommen jedes Jahr Millionen von Menschen, um mich zu sehen, und mein Gesicht ist sogar auf T-Shirts und Teetassen abgebildet. Ein ziemlich hartes Leben. Bitte verstehe mich nicht falsch: Es ist **wunderschön**, dass mich die Menschen bewundern, aber manchmal habe ich das Gefühl, dass ich zu viel Aufmerksamkeit bekomme!

Ich bin zwar stolz, von einem so **brillanten Künstler wie Leonardo** gemalt worden zu sein, aber es gibt so viele andere Künstler und Kunsthandwerker, die genauso großartig sind und sich die gleiche Bewunderung verdient haben. Ich schäme mich deshalb ein bisschen – und einige meiner Nachbarn hier im Louvre-Museum in Paris sind auch ziemlich sauer ...

Daher habe ich in diesem Buch viele tolle Kunstwerke versammelt, die hier im Louvre ausgestellt sind. Sie sollen **ihre eigene Geschichte** erzählen. Beginnen werde ich jedoch mit meiner eigenen.

Vielleicht gefallen dir einige Kunstwerke mehr als andere – vielleicht sogar besser als ich! **Das ist völlig in Ordnung.** Kunst macht so viel mehr Spaß, wenn kein MUSS dahintersteht und du sie einfach auf deine Weise genießt! Und wenn dich jemand fragt: »Wo hast du denn den Quatsch gehört?«, dann antworte einfach: »Das hat Mona Lisa gesagt.«

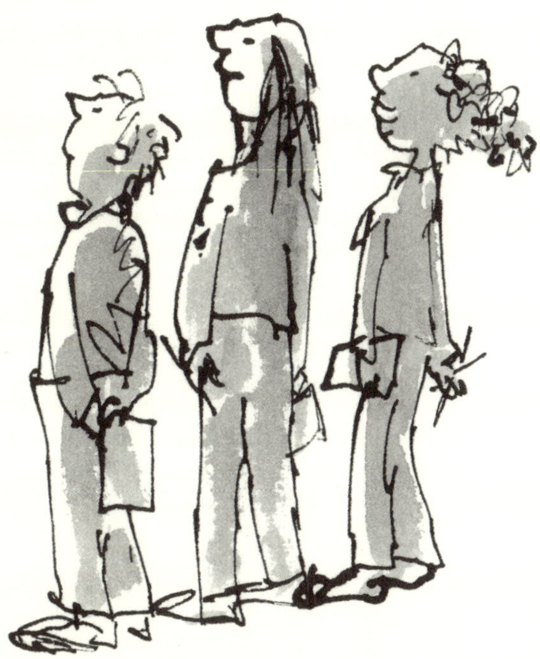

# HALTET DEN DIEB!

Wusstest du, dass ich schon einmal **im Louvre gestohlen** wurde? Wirklich! Zwei Jahre lang war ich verschwunden. Es geschah in einer dunklen Nacht im Jahr 1911. Ich war gerade mit mir selbst beschäftigt und habe ein bisschen gedöst, als mich plötzlich jemand von der Wand nahm. Am Ende landete ich an einem verborgenen Ort in Italien, wo mich ein Mann versteckte, der mir irgendwie bekannt vorkam. Eines Tages traf er vermutlich zufällig auf einen Kunsthändler, an den er mich verkaufte. Dabei hatte man mich mindestens zwei Jahre lang auf der ganzen Welt gesucht!

Aber das ist eine lange Geschichte. Die Polizei schnappte den Dieb und ich kehrte sicher in den Louvre zurück. Und dann fiel es mir ein: Ich *kannte* den Mann, weil er im Louvre gearbeitet hatte. Er war Italiener und behauptete, er habe mich gestohlen, weil er mich nach Italien zurückbringen wollte, wo Leonardo und ich »geboren« wurden. Aber weißt du, wen die Polizei zuerst verdächtigte? Pablo Picasso! Ja genau, den Maler! Er wurde zusammen mit dem bekannten Dichter Guillaume Apollinaire verhaftet. Die beiden gehörten einer supermodernen Künstlergruppe mit dem Namen »Die Wilden in Paris« an. Man vermutete, sie wollten der alten Kunstwelt, die ich vertrat, durch den Diebstahl einen schweren Schlag versetzen.

Egal. Als ich wieder zurück im Louvre war, ging mein leiser, aber beachtlicher Ruhm dann so richtig **durch die Decke**! Manche Menschen halten das Geheimnis um mich auch heute noch am Leben und behaupten, ich sei eine Fälschung und die Original-Mona-Lisa sei nie zurückgekehrt. Doch die Experten sind sich einig, dass ich echt bin. Aber eigentlich ist mir das egal. **Ich lächle einfach weiter**, als verberge ich ein Geheimnis, das ich nie verraten werde ...

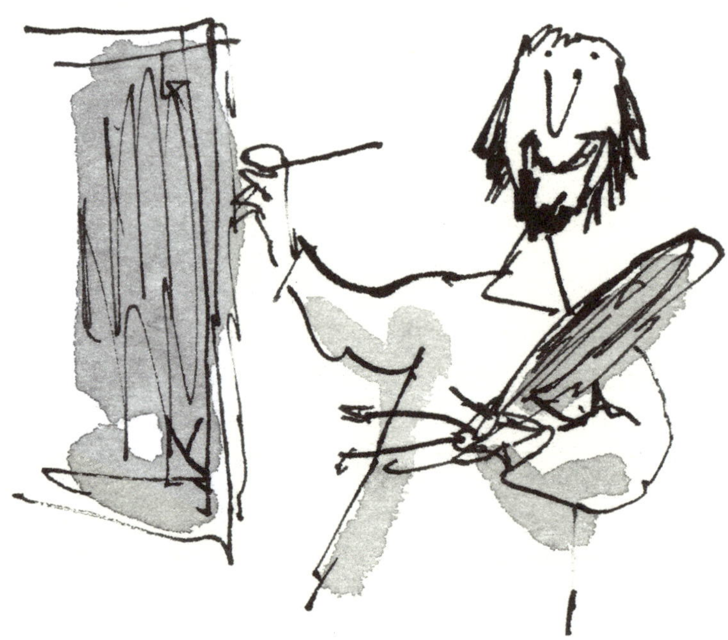

# Wo bin ich?

Viele spekulieren über das Geheimnis meines abwesenden Lächelns. Aber weißt du, **was wirklich geheimnisvoll ist**? Schau mal, was hinter meinem Rücken ist. Die einsame, kurvige Straße, die kantigen Berge, das abschreckende Gewässer und der trübe Himmel ... Wo bin ich hier eigentlich?

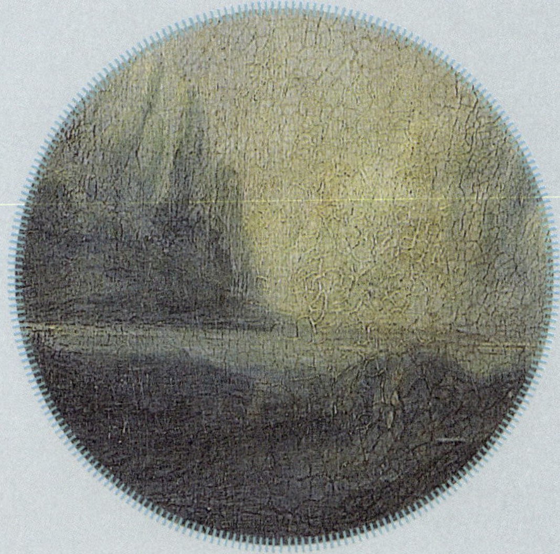

Manche denken, es sei ein realer Ort in Italien, wo es eine Brücke gibt wie die, die du links über meiner Schulter siehst. Aber egal, ob der Ort **echt ist oder nicht**, Leonardos Landschaft sieht aus, als befinde sie sich im Jenseits.

Ich dagegen sitze auf einem normalen Stuhl und trage (für meine Zeit) normale Kleider.

# Auch Promis haben Gefühle!

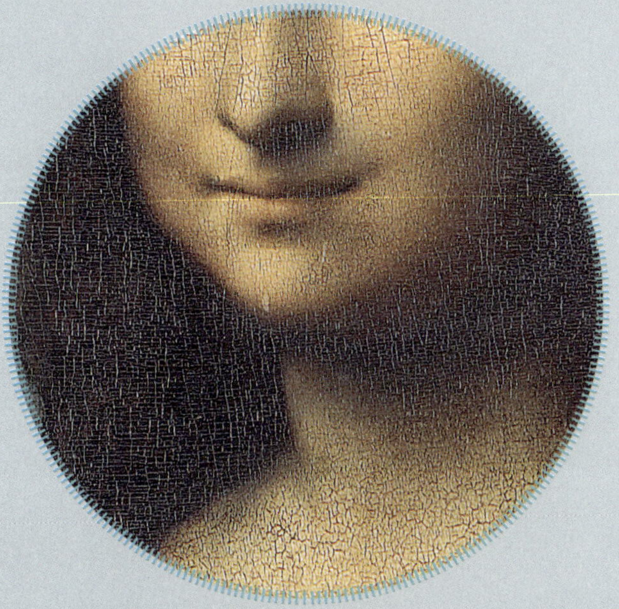

Manchmal habe ich das Gefühl, dass die Menschen **zu viel von mir erwarten**, dem ich nicht gerecht werden kann. Mit anderen Worten: Meine Besucher sind immer bass erstaunt darüber, wie klein ich bin!

Auch meine Farben sind nicht hell oder leuchtend. Aber wie findest du den warmen, kupferfarbenen Ton meines Haars, meiner Ärmel, meiner Augen und der Landschaft hinter mir? Es beleidigt mich, wenn man meine Farben als »glanzlos« bezeichnet, **aber ich bin nicht eingebildet – ehrlich!** Vielleicht schauen die meisten nicht genau genug hin. Leonardo hat mich in diesem schemenhaften, verträumten Look gemalt. Dazu hat er eine Maltechnik namens *sfumato* verwendet, mit der die Farben weich und dunstig ineinanderfließen. Harte Linien oder Pinselstriche findest du bei mir sicher nicht!

**LEONARDO DA VINCI**

# Porträt einer unbekannten Dame

**um 1490–1497** Ölfarbe auf Holz

Leonardo da Vinci war ein italienischer Maler, Ingenieur, Bauzeichner, Bildhauer, Architekt und Wissenschaftler. Er lebte und arbeitete zur Zeit der Renaissance.

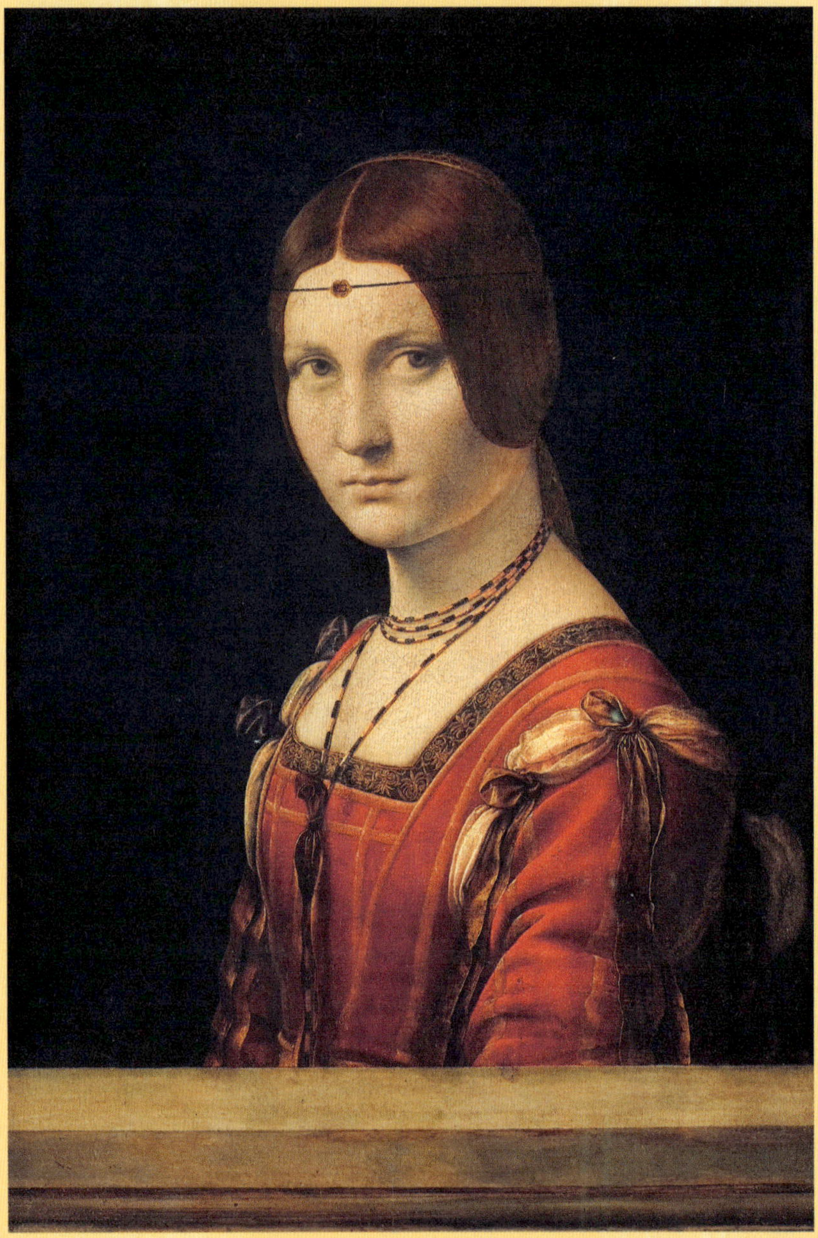

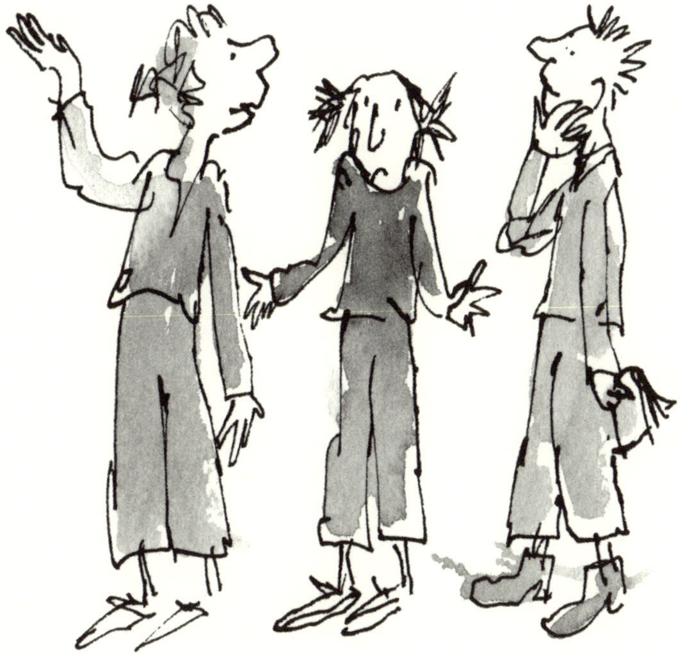

## Was ist so toll an ihr?

Kannst du mir sagen, **WARUM Mona Lisa in aller Munde ist?** Leonardo hat auch mich gemalt. Auch ich bin geheimnisvoll, denn über mich weiß man fast gar nichts. Wo sind alle meine Fans? Mein weltweiter Ruhm? All die Warteschlangen, weil mich jeder anschauen möchte?

Klar, die Menschen SCHÄTZEN mich, aber das ist nicht das Gleiche. Niemand ist so verrückt nach mir wie nach Mona Lisa. Was ist so besonders an ihr – oder ist das alles nur Glücksache, zur richtigen Zeit am richtigen Ort?

Als Mona Lisa gestohlen wurde (siehe Seite 8), wurde sie über Nacht weltberühmt, aber schon vorher hatte sie mir den Rang abgelaufen! Zu unserer Zeit wollten viele Künstler genauso malen, wie Leonardo sie gemalt hat. Napoleon I. hatte ihr Bild sogar einige Zeit über seinem Bett hängen, bevor es in den Louvre kam.

Ich frage mich: **Ist sie vielleicht nur berühmt, weil sie berühmt ist?** Bitte tu mir einen Gefallen: Vergleiche unsere Porträts auf den Seiten 6 und 10. Findest du, dass Mona Lisa etwas Besonderes hat? Wenn ja, **kannst du es beschreiben?** Ich halte das aus, versprochen!

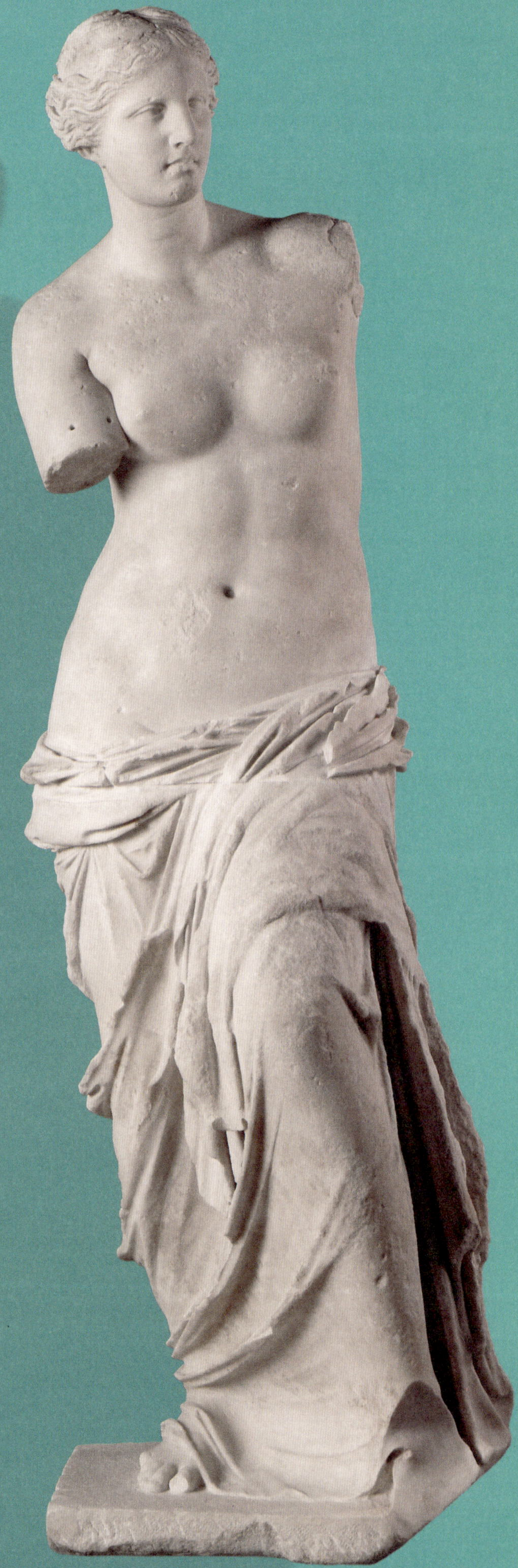

# Venus von Milo

**Ende 2. Jahrhundert v. Chr.** Marmor
Griechische Insel Melos (heute Milos)

Viele Kunstwerke der Antike wurden von unbekannten Künstlern geschaffen. Die Venus von Milo wurde in einer antiken griechischen Ruine entdeckt.

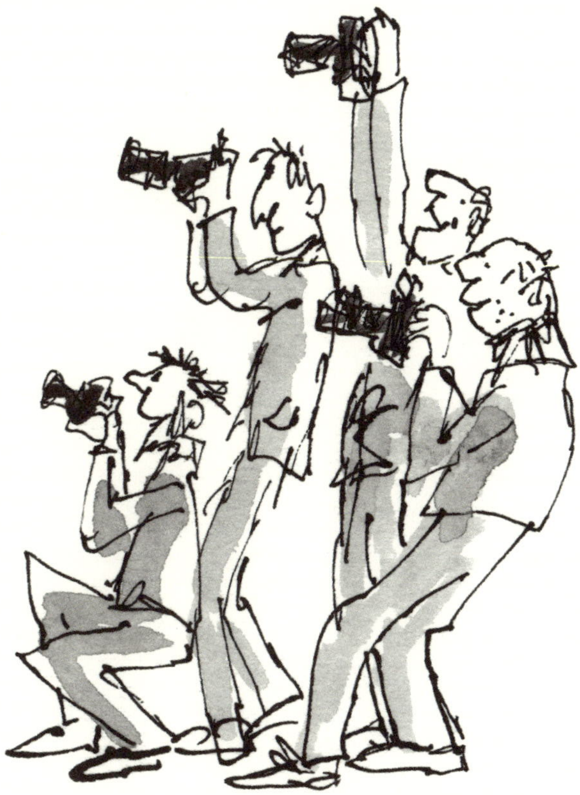

## Kein Schönheitswettbewerb!

Jeder denkt, dass Mona und ich vergleichbar seien – als ob es bei uns um einen Schönheitswettbewerb geht. »**DU bist die Schönere!**«, sagen mir die meisten. »Die schönste Frau der Welt!« Bin ich das?

Schau mal genau hin, denn es macht Spaß, schöne Kunst zu betrachten. **Ich bin so viel mehr** als eine Schönheit mit abgebrochenen Armen. Seit über 2.000 Jahren bin ich auf dieser Welt – und ich habe einiges mitbekommen!

## Aus der Nähe betrachtet

Auf jeden Fall weiß ich, dass es die »schönste Frau« nicht gibt. Das Schönheitsideal verändert sich im Laufe der Zeit und ist an vielen Orten auf der Welt unterschiedlich. Das ist eine Tatsache. Statt also zu beurteilen, was schön ist und was nicht, ist es **viel interessanter** zu überlegen, wie und warum der Begriff »Schönheit« entstanden ist.

Die meisten meinen, ich sei so elegant in meinem kühlen weißen Marmor. Aber im Jahr 150 v. Chr. wurde ich ziemlich sicher mit **superhellen Farben** bemalt. Außerdem habe ich immer noch kleine Löcher von dem Metallschmuck, den ich damals trug! Kannst du dir das vorstellen?

Weißt du, was wirklich schön ist? Die **Liebe und Sorgfalt**, mit der der Künstler mich erschaffen hat. Mein Marmor ist nicht glatt und eben: Er hat Wölbungen und Falten, genauso wie der menschliche Körper.

**Meine Lieblingsstellen** bemerken die meisten Leute gar nicht. Das Leuchten um meine Nasenflügel, die Falten in meinem Nacken, die kleine Fleischwulst zwischen meiner Brust und meinem Arm, das Innere meines Bauchnabels. Findest du andere Stellen, die für eine Frau aus Marmor viel zu echt aussehen?

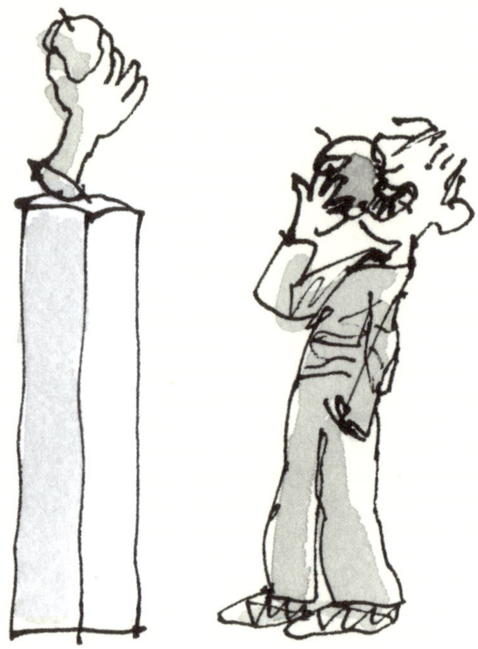

## Arme und Attribute

Ein Grund, warum wir nicht genau wissen, ob ich Aphrodite/Venus bin oder nicht, sind meine **fehlenden Arme**. In antiken griechischen Kunstwerken erkennt man die unterschiedlichen Götter und Göttinnen häufig daran, dass sie ein »Attribut« in der Hand halten – meist einen bestimmten Gegenstand oder ein Tier.

Ohne meine Arme kann man also keinen Hinweis finden. Ich bin eine geheimnisvolle Frau, denn ich könnte jede sein! Warum halten mich Experten für Aphrodite? Offenbar ist meine **Nacktheit** ein starker Hinweis. Außerdem sagen einige, dass in der Nähe meines Fundortes eine Hand mit einem Apfel gefunden wurde, dem Attribut für Aphrodite.

Aber es gibt auch Leute, die davon überzeugt sind, dass ich nicht Aphrodite bin. Sie leiten aus meiner **gedrehten Haltung** ab, was meine Arme getan haben könnten: einen Speer halten, einen Faden spinnen, in einen Handspiegel schauen. Was meinst du?

## Vielleicht Aphrodite?

Auf der ganzen Welt bin ich als Venus von Milo bekannt, aber ich möchte mich gern selbst vorstellen. Hallo, **ich bin Aphrodite!** Moment mal ... Lass mich das erklären. Venus war im Alten Rom der Name für Aphrodite, die griechische **Göttin der Liebe**. Ich wurde im antiken Griechenland erschaffen und gefunden, also bin ich wohl eher Aphrodite als Venus. Aber so einfach ist das nicht. Ich wurde auf der Insel Melos oder Milo gefunden, daher habe ich meinen Namen. Viele Menschen dort glaubten an eine Seegöttin mit dem Namen **Amphitrite**, der ja Aphrodites Namen ziemlich ähnlich ist. Ich wünschte, ich könnte mich erinnern, aber das ist so lange her ...

## Vom Schutt zum Reichtum

Nun hänge ich also seit etwa 200 Jahren im Louvre ab. Aber weißt du, wo ich vorher gelebt habe? **In einem Loch in der Erde!**

Ernsthaft! Vielleicht wäre ich da sogar für immer geblieben, wenn nicht ein Mann namens Jorgos eine Mauer gebaut hätte. Dabei grub er Steine über meinem Kopf aus. Aber das waren nicht irgendwelche alten Steine, sondern Teile einer **antiken, griechischen Ruine.**

Langer Rede, kurzer Sinn: Der französische Botschafter im osmanischen Reich, Marquis de Rivière, wurde auf mich aufmerksam, und so kam ich nach einer unruhigen Schifffahrt nach **Frankreich**. Dann wurde ich König Ludwig XVIII. als Geschenk überreicht.

Der König übergab mich dem Louvre, damit mich **jeder** sehen konnte. Das hört sich vielleicht so an, als ob sich der König auf höfliche Weise eines ungewollten Geschenks entledigen wollte. Aber **er mochte mich wirklich!** Er kam regelmäßig in den Louvre, um mich zu betrachten (obwohl er damals schon sehr alt und krank war). Kein schlechter Weg zum Weltruhm, oder?

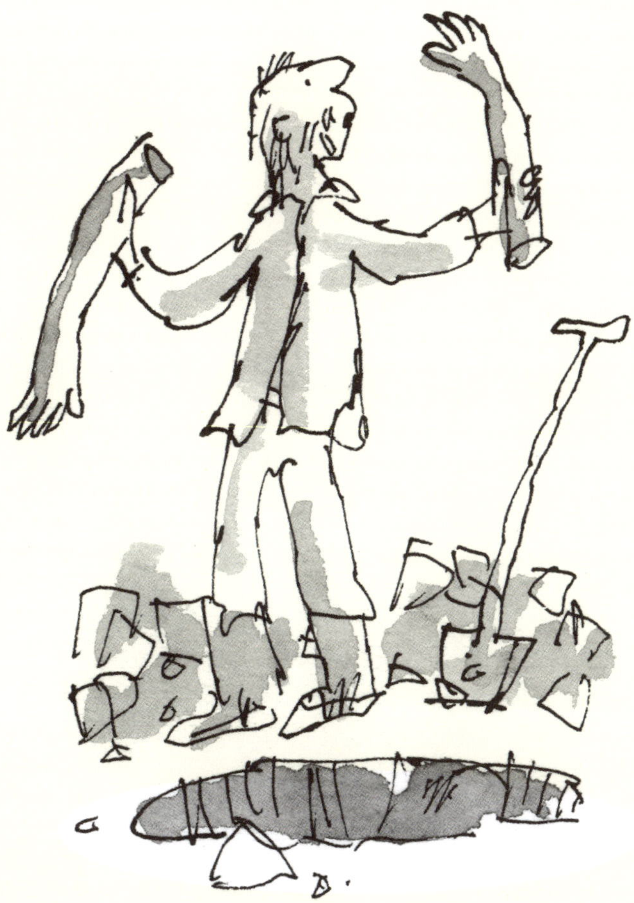

**REMBRANDT VAN RIJN** (1606–1669)

# Selbstporträt an der Staffelei

**1660** Ölfarbe auf Leinwand

Rembrandt van Rijn – besser bekannt unter seinem Vornamen Rembrandt – war ein niederländischer Maler, Drucker und Bauzeichner. Er arbeitete im 17. Jahrhundert, dem sogenannten Goldenen Zeitalter der niederländischen Malerei.

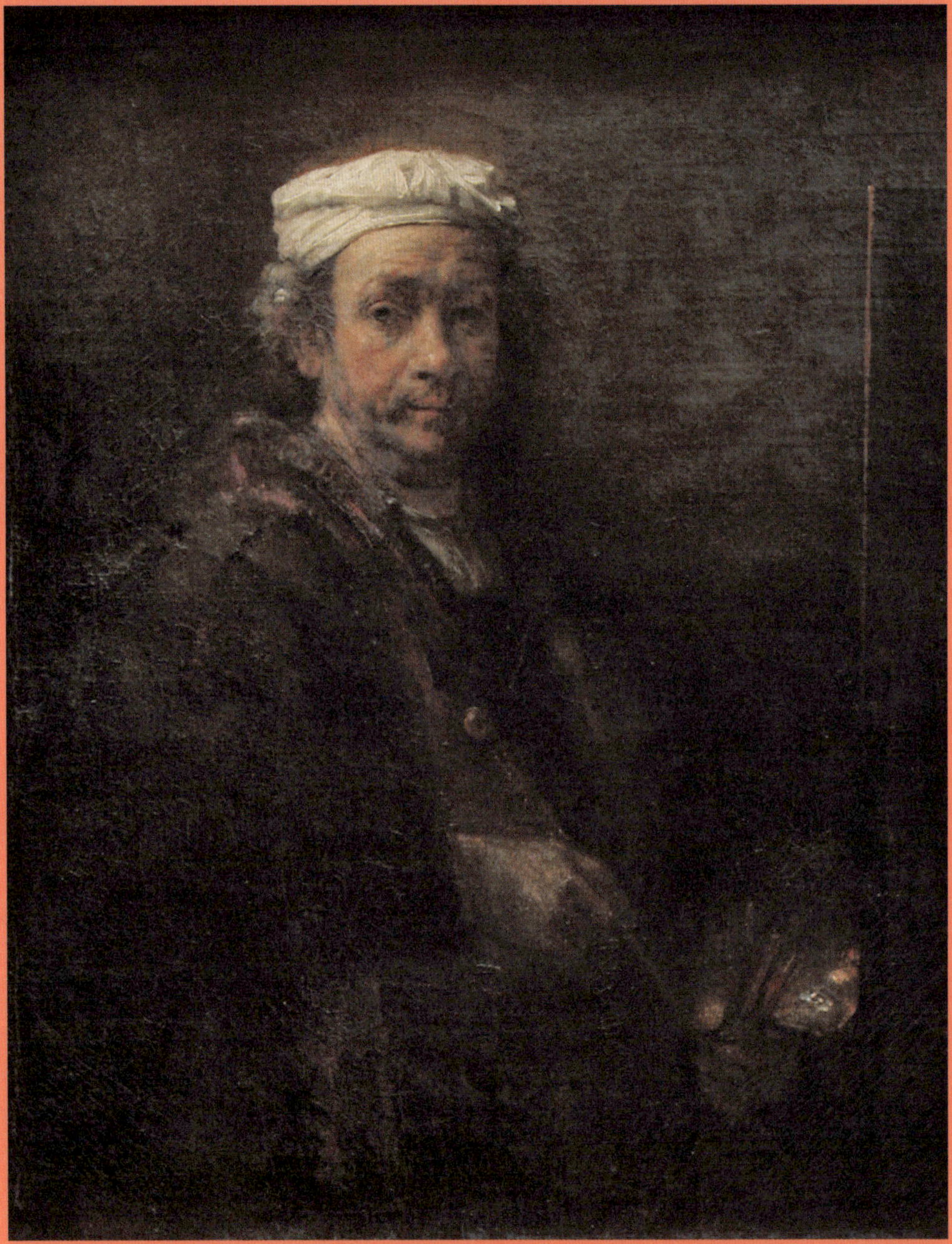

## Kein schönes Bild?

Hallo! Bitte entschuldige, wenn ich nicht viel Zeit zum Quatschen habe. Ich muss ein Bild fertigmalen. Siehst du den langen Pinsel, die Farbtöpfe und die Staffelei, vor der ich sitze? Du meinst, ich mache dir was vor? Bitte verzeihe einem alten Mann, wenn er so eitel ist. Die Wahrheit ist: Im Spotlight siehst du wirklich mich, wie ich bin, und nicht meine Talente.

Meine Kritiker sagen, dass ich **Hässlichkeit** der Schönheit vorgezogen habe. Meiner Meinung nach ist das eine sehr beschränkte Vorstellung von Schönheit. Ich hätte mich selbst auch jünger und atemberaubend schön darstellen können. Aber ich wollte alle meine Falten, Schatten und meine hängenden Wangen malen. Denn genauso habe ich ausgesehen. Mein Aussehen spiegelt mein **ganzes Leben** wider.

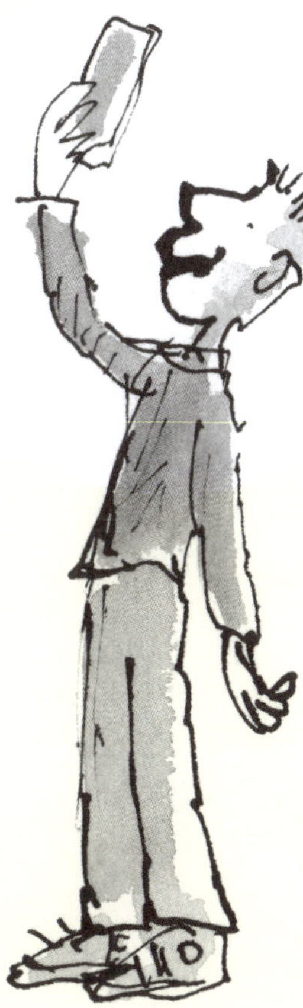

## Licht und Schatten

Ist dir aufgefallen, dass mein Gesicht beleuchtet ist? Wie das **helle Licht** von der einen Seite aus auf meinen Kopf scheint und meine ziemlich aus der Mode gekommene weiße Kappe zum Leuchten bringt? Darauf bin ich ziemlich stolz. Ich bin nämlich berühmt für das Licht auf meinen Bildern, das sie **fast magisch** wie mit einem inneren Leuchten erscheinen lässt.

Soll ich dir mein Geheimnis verraten? Schatten! Um die ganze Schönheit des Lichts hervorzuheben, braucht man nämlich **Dunkelheit.** Diese Maltechnik heißt *chiaoscuro*, aber für mich bedeutet es noch mehr. Denn wie im echten Leben gibt es kein Licht ohne Schatten, keine Freude ohne Traurigkeit und keinen Mut ohne Angst. **Das alles** möchte ich malen.

Die Wahrheit ist nicht immer schön, hat aber eine eigene Schönheit. Das möchte ich mit meinen Werken ausdrücken.

# Geflügelte menschliche Bullen

**717–706 v. Chr.** Marmor

Diese Bullen mit Menschenköpfen stammen aus dem heutigen Irak und wurden im 8. Jahrhundert v. Chr. geschaffen. Einst schmückten sie den Eingang des Palastes des assyrischen Königs Sargon II. in Khorsabad.

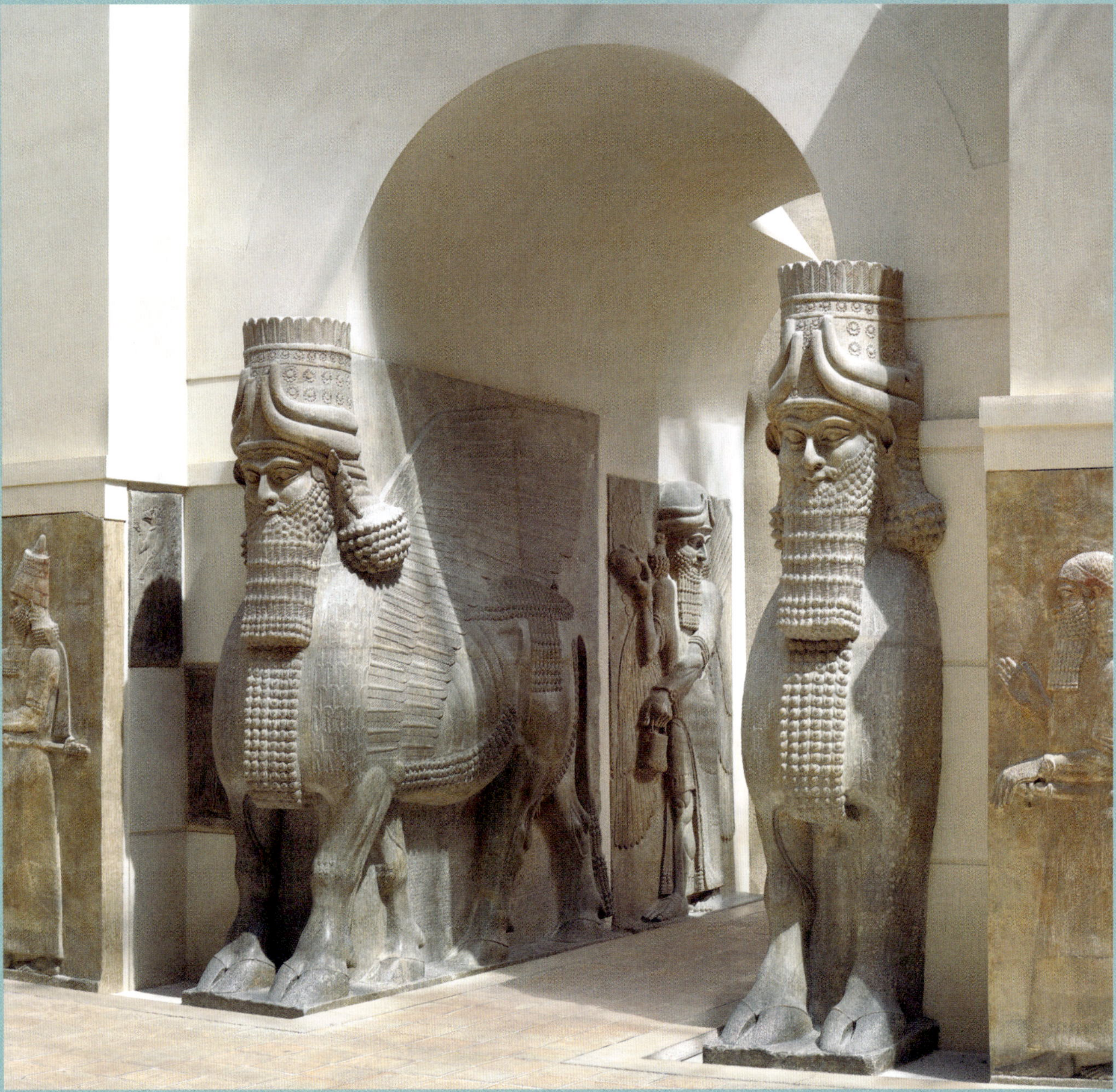

## Freundliche Riesen

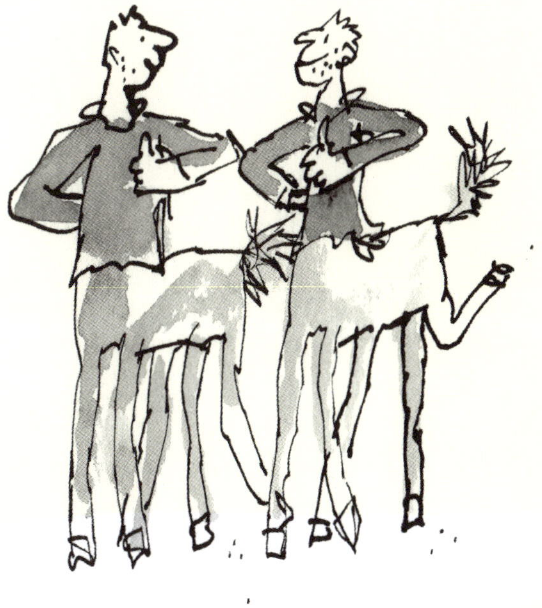

»Hallo!«

*»Sei gegrüßt! Ich stehe rechts, siehst du mich?«*

»Wir sind ...«

» ***... Zwillinge!***«

»Ja, wir sehen ein bisschen furchterregend aus. Denn wir sind doppelt so groß wie ein erwachsener Mann, haben große, alles zerstampfende Bullenhufe, riesige Adlerschwingen, einen versteinerten Blick und jede Locke liegt genau an ihrem Platz. Aber **wir sind nett**, ehrlich! Wir lächeln sogar.«

*»Wir sind Lamassu. Oder Lumasi oder Aladlammû – wir sind so nett, dass man uns drei Namen gegeben hat! Vor etwa 2.700 Jahren hat König Sargon II. die Produktion von sechzig Exemplaren von uns in Auftrag gegeben. Wir sollten seinen Palast und die Hauptstadt vor Feinden aus seinem assyrischen Königreich bewachen und die Torbögen stützen.* ***Magisch UND praktisch****, das muss uns erst einmal einer nachmachen!«*

»Aber dann starb Sargon und der neue assyrische König wollte eine eigene prächtige neue Stadt errichten. Daher wurde unsere Stadt, Dur Sharrukin, aufgegeben und versank im Wüstensand.«

*»Igitt, ich habe IMMER NOCH Sand zwischen den Zähnen. Wir wurden vor ungefähr 200 Jahren ausgegraben und hierhergebracht. Nach all den Jahren sind wir immer noch zusammen – und* ***beste Freunde****.«*

## Beine zählen

»Wie viele Beine haben wir?«

*»****Vier****, oder? Bullen haben vier Beine. Hmm. Ich zähle nochmal nach. Oh, wir haben* ***fünf*** *Beine!«*

»Cool, nicht wahr? Von vorne sieht es so aus, als ob wir stillstehen, von der Seite betrachtet gehen wir.«

*»Von allen Seiten das Beste! Außerdem haben unsere Erschaffer genaue* ***mathematische Formeln*** *angewendet, damit wir perfekt aussehen.«*

»Ja, stimmt. Das ganze Tamtam war damals ziemlich nervig, dafür sehen wir heute noch echt scharf aus.«

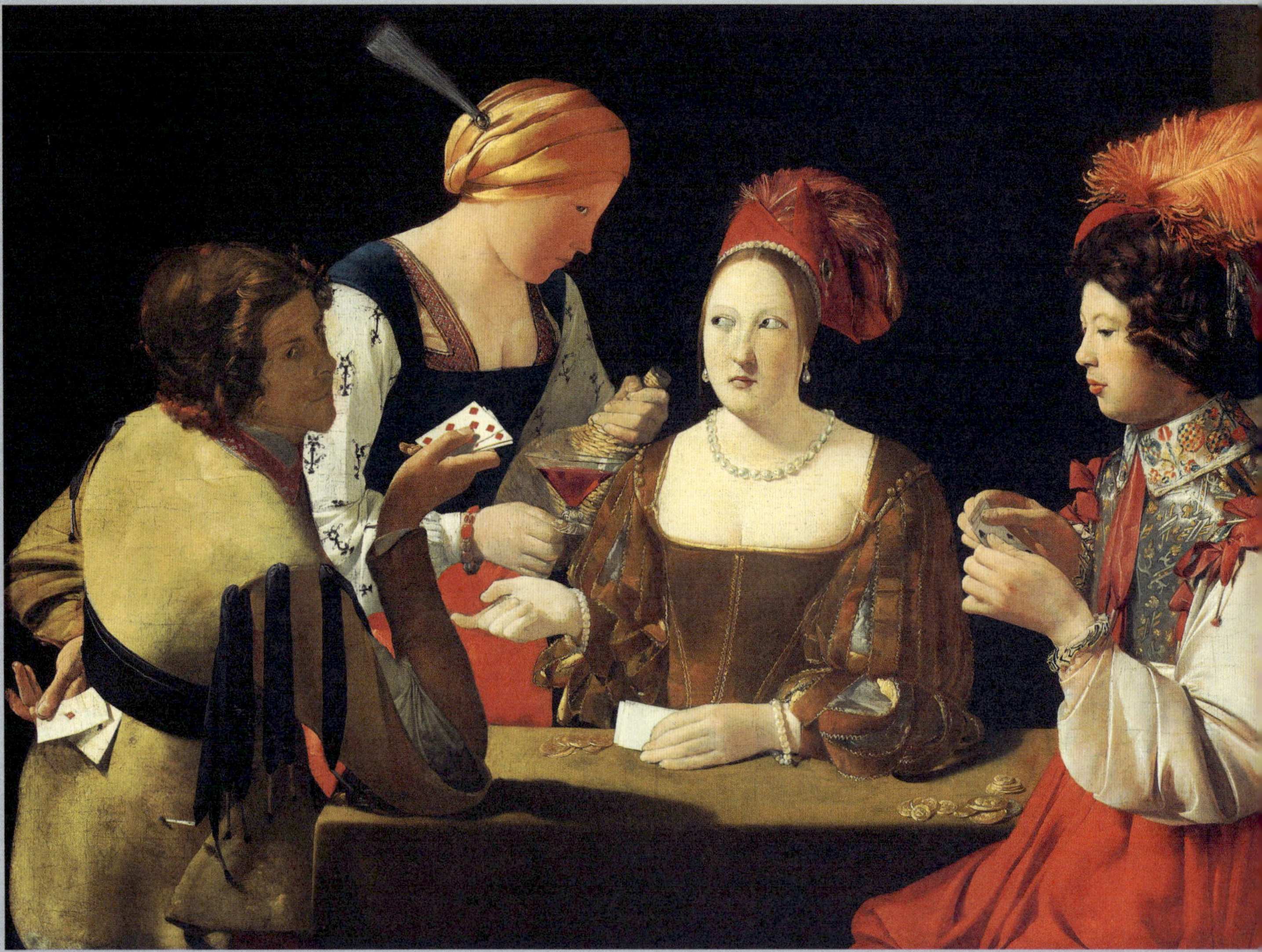

**GEORGES DE LA TOUR** (1593–1652)

# Der Falschspieler mit dem Karo-Ass

**um 1632–1640** Ölfarbe auf Leinwand

Georges de La Tour war ein französischer Maler des 17. Jahrhunderts. Bekannt ist er für seine stimmungsvollen, ruhigen Szenen.

## Wer betrügt hier?

Eine absolute Frechheit! Fräulein Mona Lisa **setzt ein mysteriöses Gesicht auf** und die Menschen reisen durch die ganze Welt, um bei ihrem Anblick in Ohnmacht zu fallen. Aber ich mache das Gleiche und werde als Falschspielerin bezeichnet!

Klar, das Problem ist, dass ich im Mittelpunkt stehe – bei meinem **grandiosen Outfit** ist das auch kein Wunder. Deshalb halten mich die meisten für die Falschspielerin im Bild. Aber schau doch mal, was mein fescher Freund auf der linken Seite hinter seinem Rücken hält ... Genau! Das Karo-Ass! **ER ist der Falschspieler!** Georges de La Tour hat ihn absichtlich in einem Schatten gemalt. Damit wird klar, wer hier die zwielichtige Person ist – man muss nur genau hinschauen.

**Offenbar** werden ich und die Dienerin für Betrügerinnen gehalten. Das liegt wohl an unseren raffinierten Blicken. Unverschämt! Aber mal ehrlich: Dieser dumme Junge rechts verdient es doch, über den Tisch gezogen zu werden. Mit seinen Goldmünzen und seiner übertriebenen Kleidung, **versucht er, mich in den Schatten zu stellen**. Er hat echt mal eine Lektion verdient.

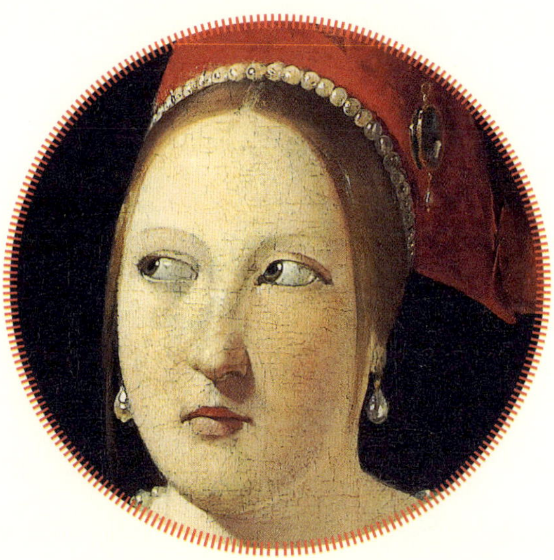

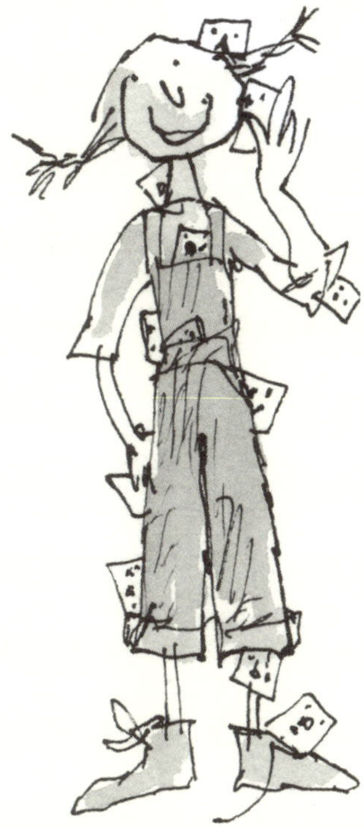

## Das Comeback

Zwar ist es schwer zu glauben, dass ein Bild mit mir **jemals aus der Mode kommen kann**, aber es ist trotzdem passiert. Kurz nach seinem Tod im Jahr 1652 geriet der Maler in Vergessenheit. Seine Werke wurden erst 250 Jahre später wiederentdeckt. Eine lange einsame Zeit des Wartens ...

Aber als dieses Bild das Interesse der Kunstwelt geweckt hatte, waren die Menschen auch nach seinen anderen Kunstwerken **verrückt**, sodass alle wieder ins Rampenlicht rückten. Ein schönes Happy End, oder?

# Zepter von Karl V. (Charlemagne-Zepter)

**um 1364–1380**

Gold mit Perlen, Rubinen und Buntglas

Vermutlich wurde das Zepter von Hennequin du Vivier, einem Goldschmied des Mittelalters, für den französischen König Karl V. hergestellt, der von 1364 bis 1380 regierte. Später zur Zeit Napoleons hat ein Goldschmied namens Biennais einen neuen Schaft für das Zepter gefertigt.

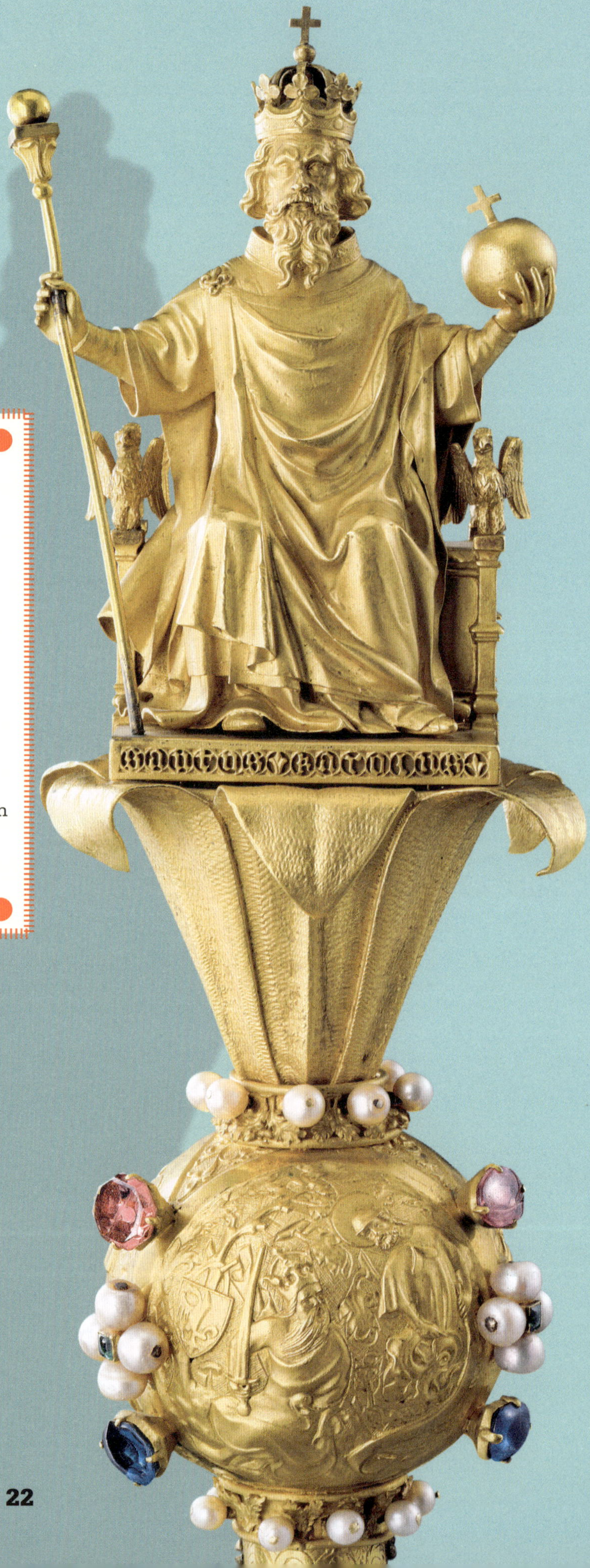

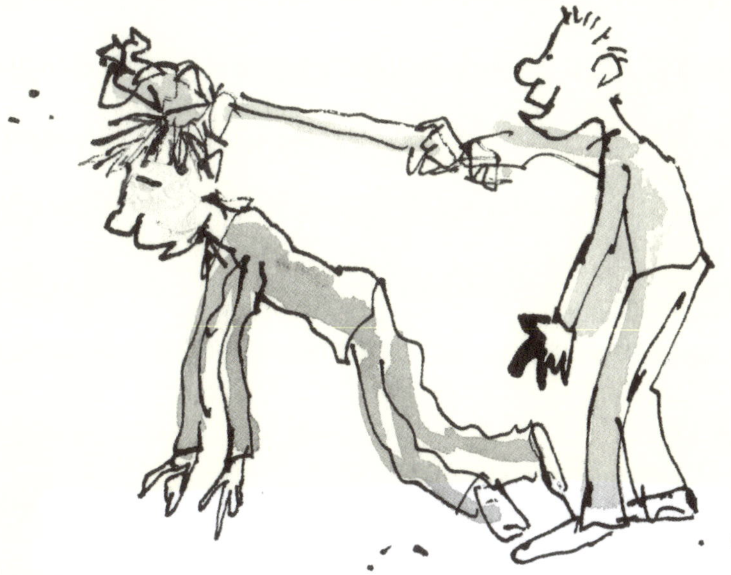

## Ich bin so groß!

Schau mal, wie **GOLDEN** ich bin. Natürlich muss ich mich nicht vorstellen. Ich bin der **große und berühmte** Kaiser Karl der Große. Vor ungefähr 1.200 Jahren war ich der Herrscher über fast ganz Europa. 550 Jahre später war ich so beliebt, dass mich König Karl V. auf seinem Zepter verewigen ließ. So wollte er sich mit mir schmücken und das Volk davon überzeugen, dass er der **rechtmäßige König Frankreichs** war.

Ich wurde vom **Goldschmied** des Königs gefertigt. Eine wirklich gute Arbeit, das muss ich schon sagen. Massives Gold übersät mit Perlen und Rubinen, dazu Inschriften zu Ehren meines legendären Lebens? Dazu sitze ich **majestätisch** auf einem Thron mit der Krone auf dem Kopf und Adlern unter meinen Armen.

## Der Königsmacher

Siehst du den langen Stock mit der ausgefallenen Spitze in meiner Hand? Das ist ein Zepter. Ich bin also **ein Teil eines Zepters und halte selbst ein Zepter** in der Hand. Aber WOZU dient ein Zepter? Meist hält man es in der Hand und macht ein **königliches** Gesicht – in meinem Fall sogar ein kaiserliches. (Es kann auch helfen, sich an schwer zu erreichenden Stellen zu kratzen ...)

Aber ich bin ein ganz BESONDERES Zepter. Ich gehöre zu den französischen Kronjuwelen und hatte in den **Krönungszeremonien** fast aller französischen Könige meinen Einsatz. Mein Thron steht auf einer sechsblättrigen Lilie – Symbol des französischen Königsreichs. Heute gibt es keinen König mehr in Frankreich. Die Französische REVOLUTION hat dem ein ziemlich krasses Ende gesetzt.

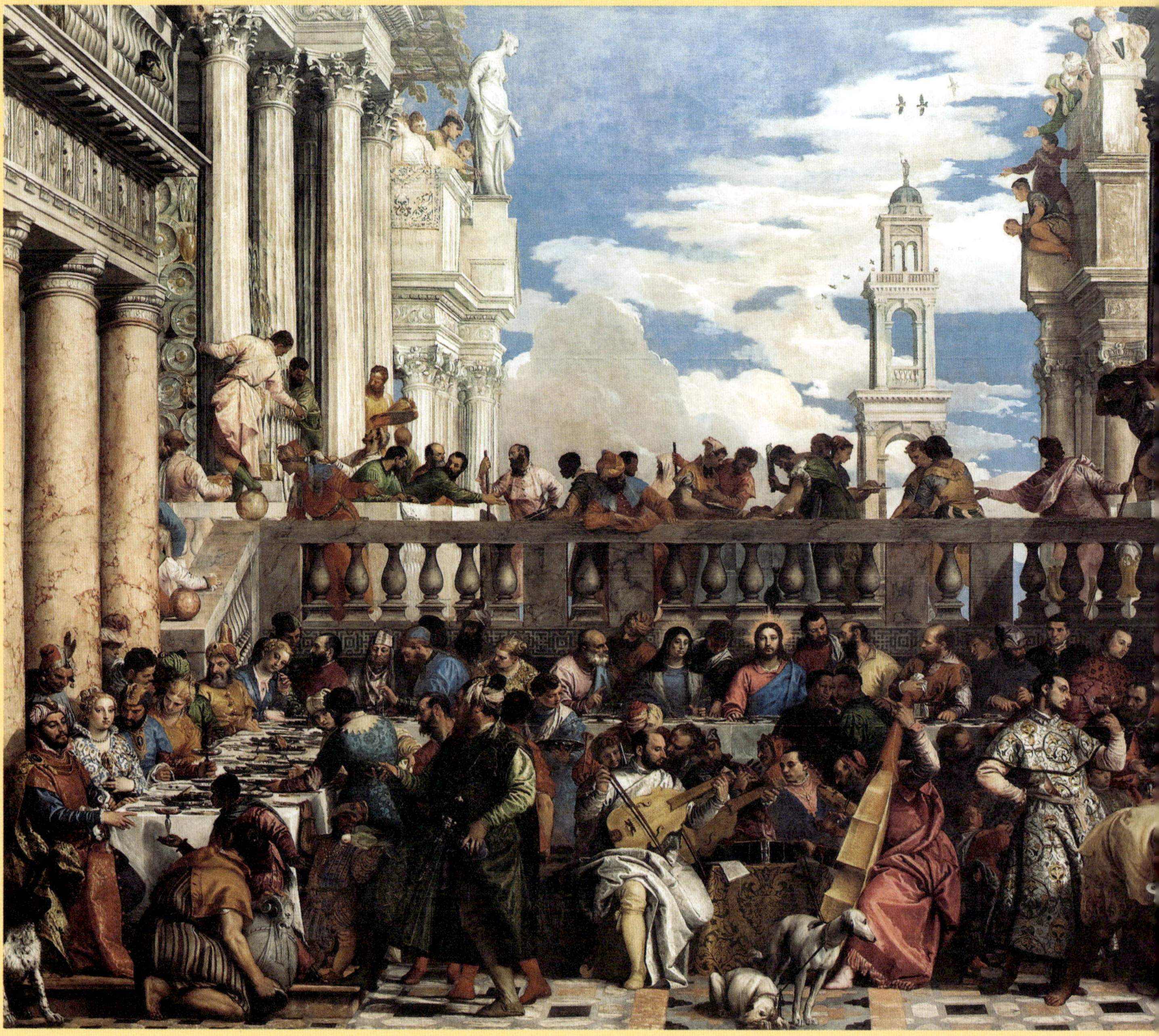

**VERONESE (PAOLO CALIARI)** (1528–1588)

# Die Hochzeit zu Kana

**1562–1563** Ölfarbe auf Leinwand

Paolo Caliari, der meist Paolo Veronese genannt wurde, war ein italienischer Maler. Er arbeitete in der Renaissance in Venedig. Berühmt wurde er für seine großen, farbenfrohen Gemälde, auf denen viele Details dargestellt sind.

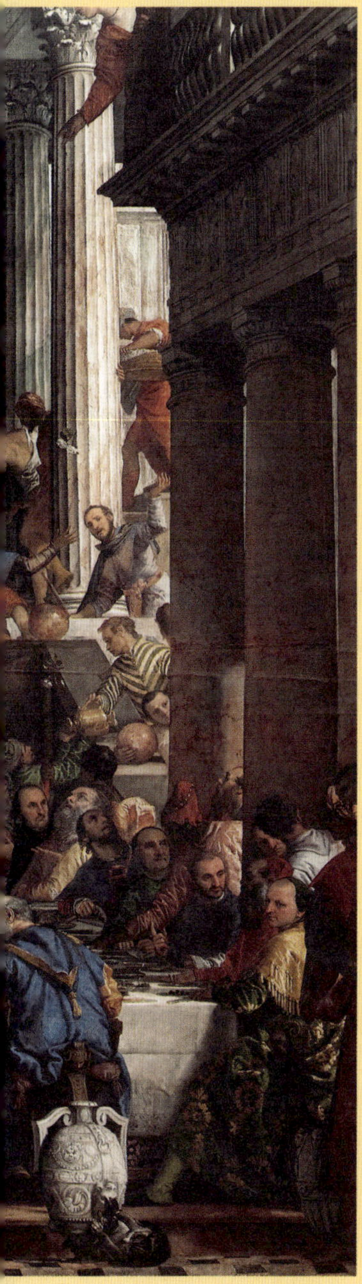

# Die Aufmerksamkeit gestohlen

»Hallo! Hier links. Ich bin der Mann mit dem rotblauen Gewand. Neben mir sitzt meine Frau. Sie trägt ein hellblaues Kleid.«

*»Wahrscheinlich hättest du erwartet, dass wir* ***in der Mitte*** *des Bildes zu sehen sind? Wir sind* nämlich sehr wichtige Personen in dieser Szene: der *Bräutigam und die Braut. Und das ist ein Festmahl zu unserer Hochzeit.«*

»Doch in der Mitte ist Jesus abgebildet – denn er ist der eigentliche Star UNSERER Hochzeit. Schau dir doch einmal an, was für ein strahlendes Licht Veronese auf ihn gerichtet hat!«

*»Unglaublich, er* ***hat uns die Show gestohlen!«***

»Die meisten in diesem Buch beklagen, dass Mona Lisa zu viel Aufmerksamkeit auf sich zieht. Aber zumindest ist sie auf ihrem eigenen Bild auch der echte Star.«

*»Weißt du, was fast noch schlimmer ist? Die meisten gehen davon aus, dass wir Jesus DANKBAR dafür sind, dass er bei unserer Hochzeit sein erstes Wunder vollbracht hat. Er hat nämlich* ***Wasser in Wein verwandelt****, den alle Gäste trinken konnten. Schau mal nach rechts. Dort stehen Diener, die den Wein aus Krügen ausschenken.«*

»Vielen Dank auch. Wegen Jesus' Wundertaten werden sich unsere Gäste ewig daran erinnern, was für schlechte Gastgeber wir sind, die zu wenige Getränke besorgt haben. Wie peinlich!«

»Unsere Geschichte steht in der **Bibel**. Großartig! Unser Fest ist unvergesslich!«

# VIP-PARTY

»Zwar stehen wir nicht im Mittelpunkt, aber ich liebe Veroneses Gemälde.«

*»Ich auch, Liebling! Er zeigt unsere Hochzeit als ein üppiges* ***Bankett, das im 16. Jahrhundert in Venedig*** *stattfindet. Genau hier und zu dieser Zeit hat er gelebt. Ein Fest mit VIEL Glamour, bei dem alle Menschen Kleider in sehr hellen Farben und auffälligen Mustern tragen und eine Menge* ***Spaß*** *haben.«*

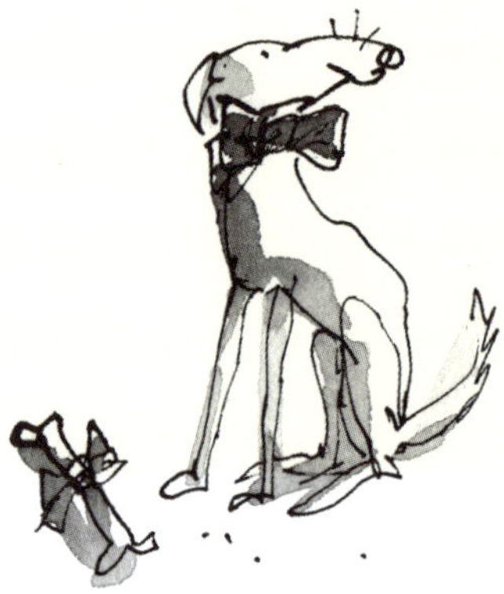

»So viele VIP's – ich hätte glatt den roten Teppich ausgerollt. Aber es wäre schade um die prachtvollen Kacheln auf dem Boden. Schau sie dir an.«

# GROSS = GROSSARTIG

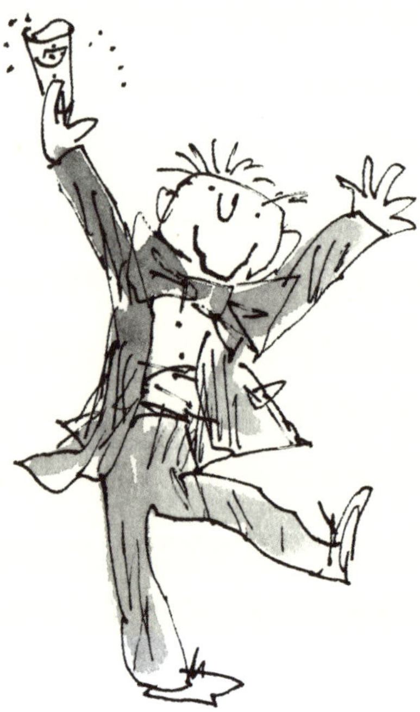

»Liebling, ahnst du, welches das größte Bild im Museum Louvre ist? Neben all den anderen Werken ist unser Bild **RIESIG**: Es ist ungefähr so hoch wie ein zweistöckiges Haus und eineinhalbmal so breit. Es ist tatsächlich das größte Werk im Louvre!«

*»Wie aufregend! Kein Wunder, dass Veronese jede Person und jeden Gegenstand so* ***genau gemalt hat*** *– die Gesichtszüge, wie sich die Gäste unterhalten und die glänzenden Falten ihrer Kleider!«*

»Solche großen, farbenfrohen Bilder sind das Markenzeichen von Veronese. Die Einwohner von Verona liebten diese Kunstwerke! Veronese war auch kein armer, unterschätzter Künstler, sondern genoss bereits zu Lebzeiten richtig viel **Erfolg**.«

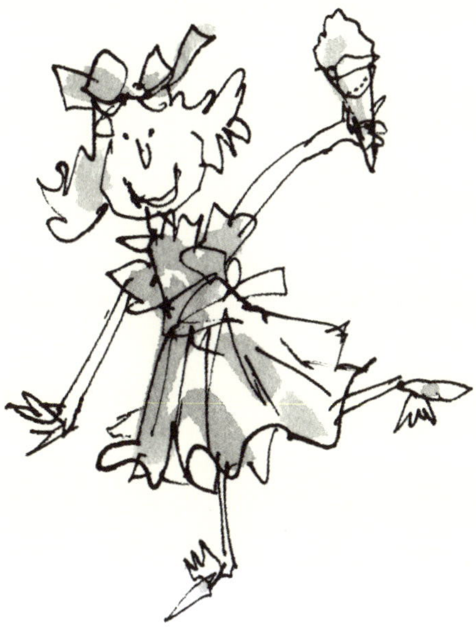

## SUCHE DEN HUND

»Ich kann mich gar nicht erinnern, dass wir Hunde zur Hochzeit eingeladen haben!«

»*Ganz sicher nicht. Ich war ganz schön sauer, dass die Musiker einfach ihre kleinen weißen Hunde mitgebracht haben.*«

»Manche Gäste haben sogar **eine Katze mitgebracht**. Wer kommt, bitte schön, auf diese Idee?«

»*Es gibt tatsächlich einige ungeladene tierische Gäste bei unserem Festmahl.*«

»Liebe Leserin, lieber Leser, könntest du bitte nach weiteren Tieren Ausschau halten? Vergiss dabei nicht, auch auf die Tische zu schauen! **Vielen Dank!**«

## Napoleon hat Nerven

»Aber wir haben ja nicht immer hier im Louvre gelebt, Liebling.«

»*Immerhin sind wir seit* ***mehr als 200 Jahren*** *hier.*«

»Tatsächlich ... seit Napoleon 1798 Venedig erobert und die politischen Führer gezwungen hatte, das Werk aus dem recht hübschen Kloster zu holen und seinen Leuten zu übergeben. Aber seit fast 500 Jahren verheiratet ... das war doch zu erwarten.«

»*Richtig! Aber es ist ziemlich brutal, sich die Kunstwerke der Länder, die man erobert hat, unter den Nagel zu reißen. Leider war das häufig so. In unserem Fall hat Ludwig XVIII. den Einwohnern von Venedig ein anderes Gemälde zum Austausch angeboten – von Le Brun, dem Hofmaler Ludwig XIV.*«

»Lass uns das Positive daran sehen: Napoleon hat schließlich nicht seine Privatsammlung, sondern den Louvre mit dem Bild unserer legendären Hochzeit bestückt, sodass uns die Millionen von Menschen noch heute jederzeit bewundern können.«

**JEAN SIMÉON CHARDIN** (1699–1779)

# Der Rochen

**um 1725–1726** Ölfarbe auf Leinwand

Jean Siméon Chardin war ein französischer Maler, der im 18. Jahrhundert in Paris lebte und arbeitete. Bekannt ist er für seine Stillleben und Gemälde von häuslichen Alltagsszenen.

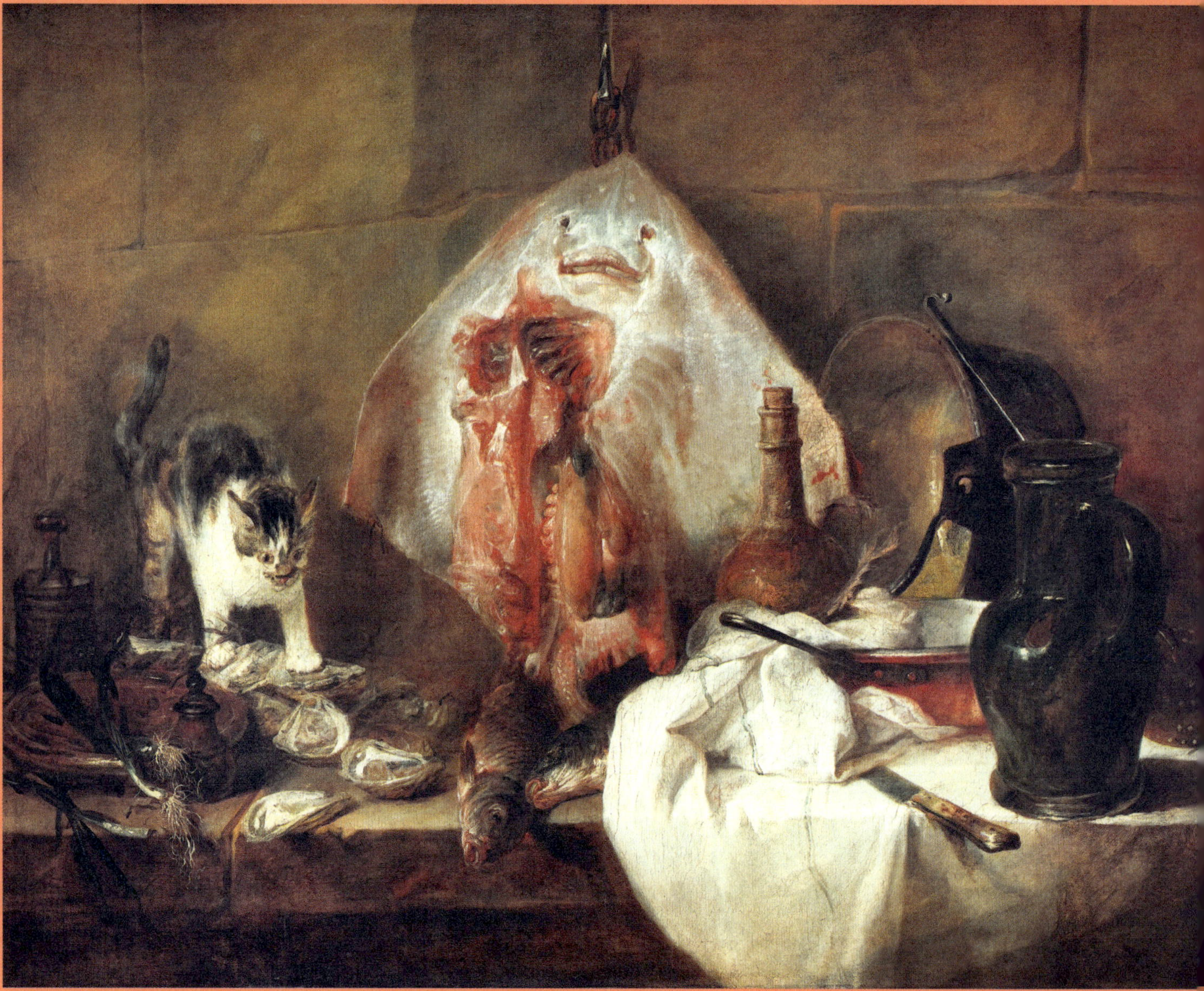

## Eine Ladung Fisch

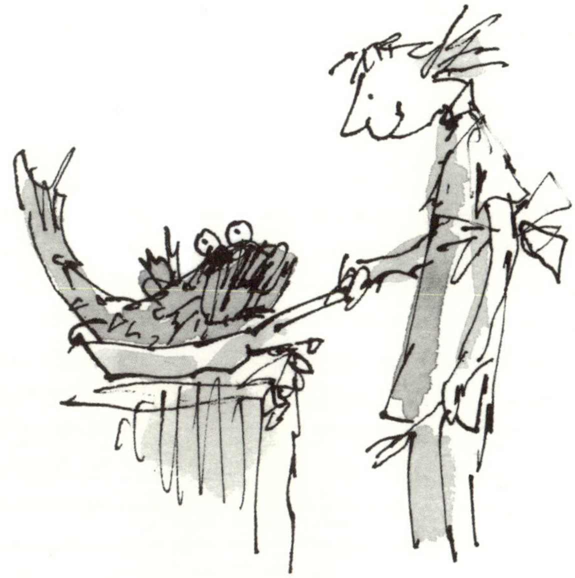

Miau! Dieser gruslige Fisch macht mich rasend. Wahrscheinlich denkst du, es muss ein TRAUM jeder Katze sein, auf einem Tisch **voller Fisch und Austern** spazieren zu gehen. Aber schau mich an – ich bin ein nervöses Wrack! Meine Ohren sind zurückgelegt, ich mache einen Katzenbuckel und mein Fell ist aufgestellt – ganz, als hätte ich einen **Stromschlag** abbekommen. Findest du, ich sehe glücklich aus?

Der Rochen tut mir zwar irgendwie leid, auch wenn er mich **anekelt**. Der Fisch und die Austern auf dem Tisch sind tot, aber das kümmert mich nicht. Vielleicht werde ich mal daran knabbern, wenn ich den ersten Schreck überwunden habe ...

Am meisten schockt mich das Gesicht des Rochens. Sieht es nicht aus wie das eines **Menschen oder eines Aliens**? Die Kiemen sehen aus wie Augen und der Mund hat so menschliche Züge. Die blasse, perlmuttartige Haut scheint **aus einer anderen Welt** zu stammen, aber an der Stelle, wo sie aufgerissen ist, kann man die **echten**, rohen, matschigen Eingeweide erkennen. Wie findest du den Rochen?

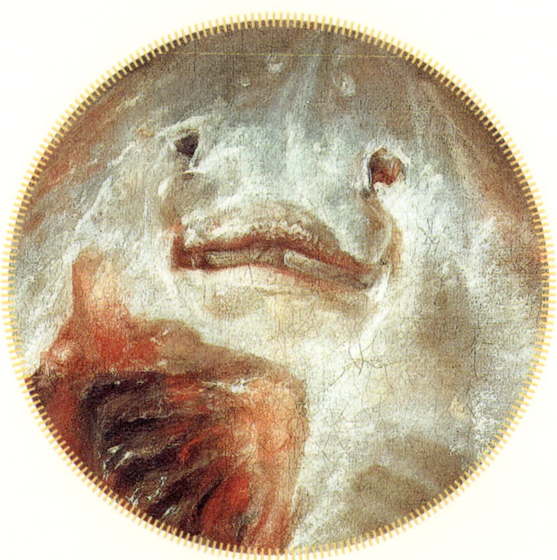

## Star im Stillleben

Warum um alles in der Welt malt Chardin dieses ganze Zeug auf einem Tisch? Eine berechtigte Frage, denn zu seiner Zeit galten Bilder mit Gegenständen – also **Stillleben** – weniger als Bilder von berühmten Menschen oder alten Geschichten.

Chardin wusste wohl, dass diese Ansicht nicht für die Ewigkeit gilt. Er malte so **brillante** Bilder, dass die Menschen die Stillleben bewunderten und vergaßen, dass sie gemalt waren!

Wie perfekt und **ausgeglichen** das Bild von Chardin ist, lässt sich am besten erkennen, wenn man Teile davon mit der Hand verdeckt. Die Griffe des hervorstehenden Messers und der Löffel, die Austern und sogar MICH, die Katze. Alles sieht total echt aus, nicht wahr?

**JEAN-AUGUSTE-DOMINIQUE INGRES** (1780–1867)

# Die Badende von Valpincon

**1808** Ölfarbe auf Leinwand

Jean-Auguste-Dominique Ingres war ein französischer Maler, der im 19. Jahrhundert lebte und arbeitete. Als technisch sehr begabter Künstler arbeitete er im neoklassischen Stil.

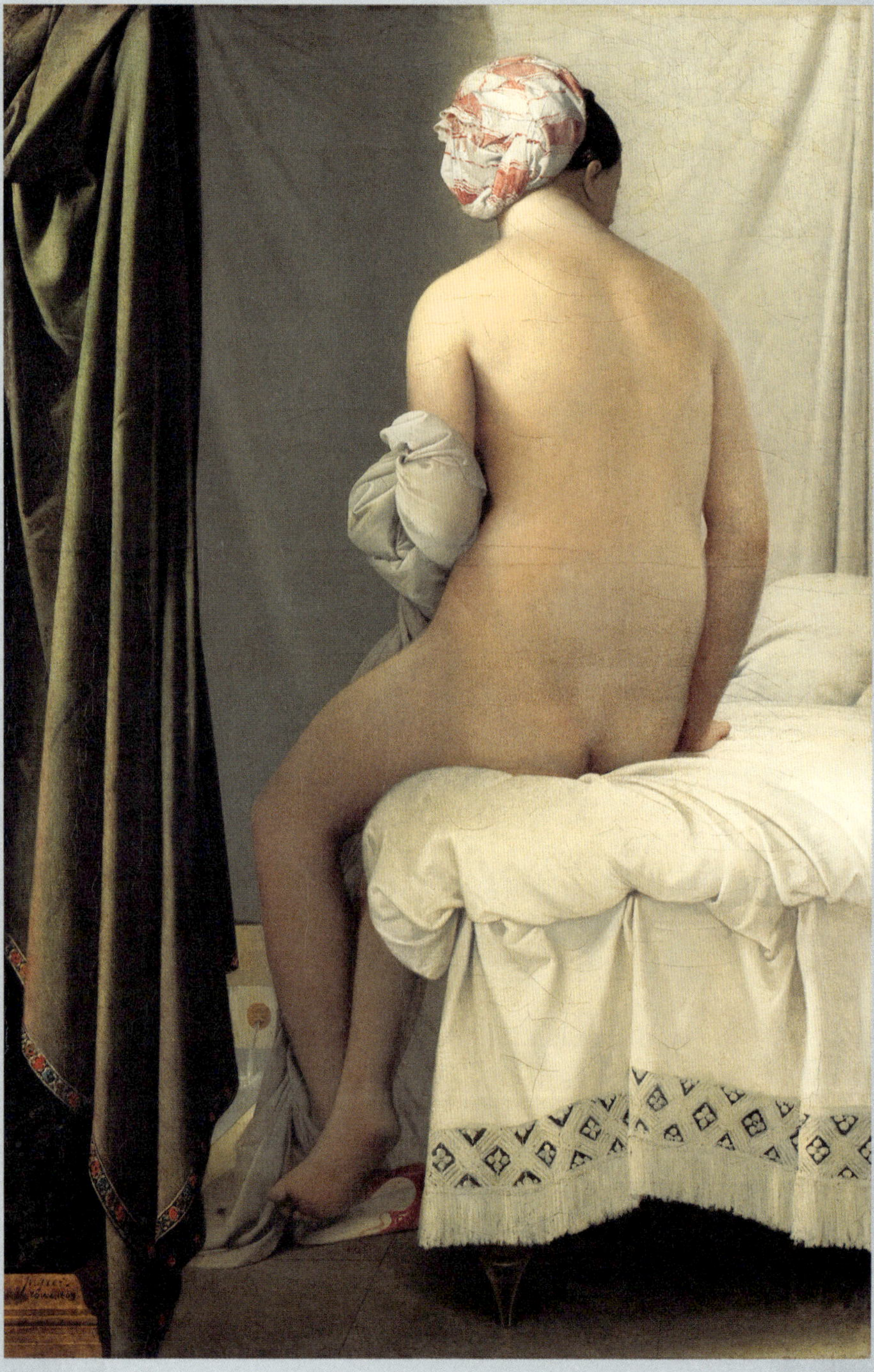

## Privatsphäre beachten!

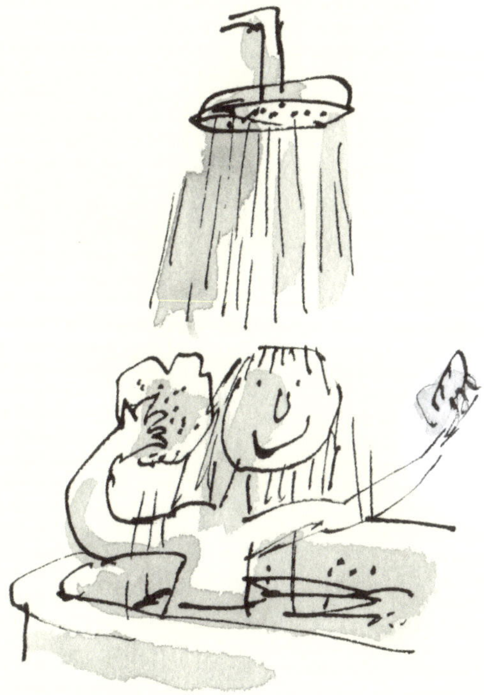

Stell dir vor, ich bereite mich gerade auf ein **wohltuendes Bad** vor, und immer wieder schleichen sich Menschen von hinten an. Da ist es ganz schön schwer, sich zu entspannen.

Ich habe kein Problem damit, der Welt meinen Po zu zeigen. Aber ein Badezimmer sollte ein **ruhiger, privater Ort** sein, damit man sich für eine Weile aus der Welt zurückziehen kann. Meinst du nicht auch? Wahrscheinlich sieht mein Badezimmer anders aus als deines. Die Wanne ist neben meinem Bett in den Boden eingelassen und ein **kleiner goldener Löwe** spuckt Wasser hinein. Aber grundsätzlich hat sich mehr als 200 Jahre nichts geändert.

Die meisten Menschen finden es sehr entspannend, mein Bild zu betrachten. Geht es dir genauso? Ich kann das sehr gut verstehen. Viele Bilder sind nämlich ziemlich voll: helle Farben, Muster, Menschen, Gegenstände und Details auf jedem Millimeter. Aber hier gibt es nur mich, ein Bett, einen Vorhang und eine **Wanne**.

Das Beruhigendste ist, dass ich nichts darstellen möchte. Ich drehe und dehne meinen Körper nicht auf unnatürliche Weise, um »weiblich« auszusehen, und ich posiere nicht so, wie ich es auch im echten Leben nie tun würde. **Ich sitze einfach da**, ein wenig krumm, und warte, dass die Wanne vollläuft.

## Ein Farbklecks

Eigentlich wäre das Bild zum Gähnen **langweilig** ..., wenn Ingres nicht ziemlich klug gewesen wäre. Die Kunstkritiker brauchten tatsächlich Jahre, um ihre Begeisterung für das Gemälde zu entdecken.

Warum ist es ein Meisterwerk? Für mich geben zwei Dinge den Ausschlag. Nummer 1: die Farbe **Rot**. Schau dir einmal die Farbtupfer auf dem Kopftuch an. Findest du noch andere rote Dinge? Nummer 2: die **Oberfläche**. Das Bett, der Stoff und die blasse Haut. Ein Spiel aus Licht und Schatten, weichen und harten Stellen, Falten und fließenden Bewegungen. Kannst du dir vorstellen, wie sie sich **ANFÜHLEN**?

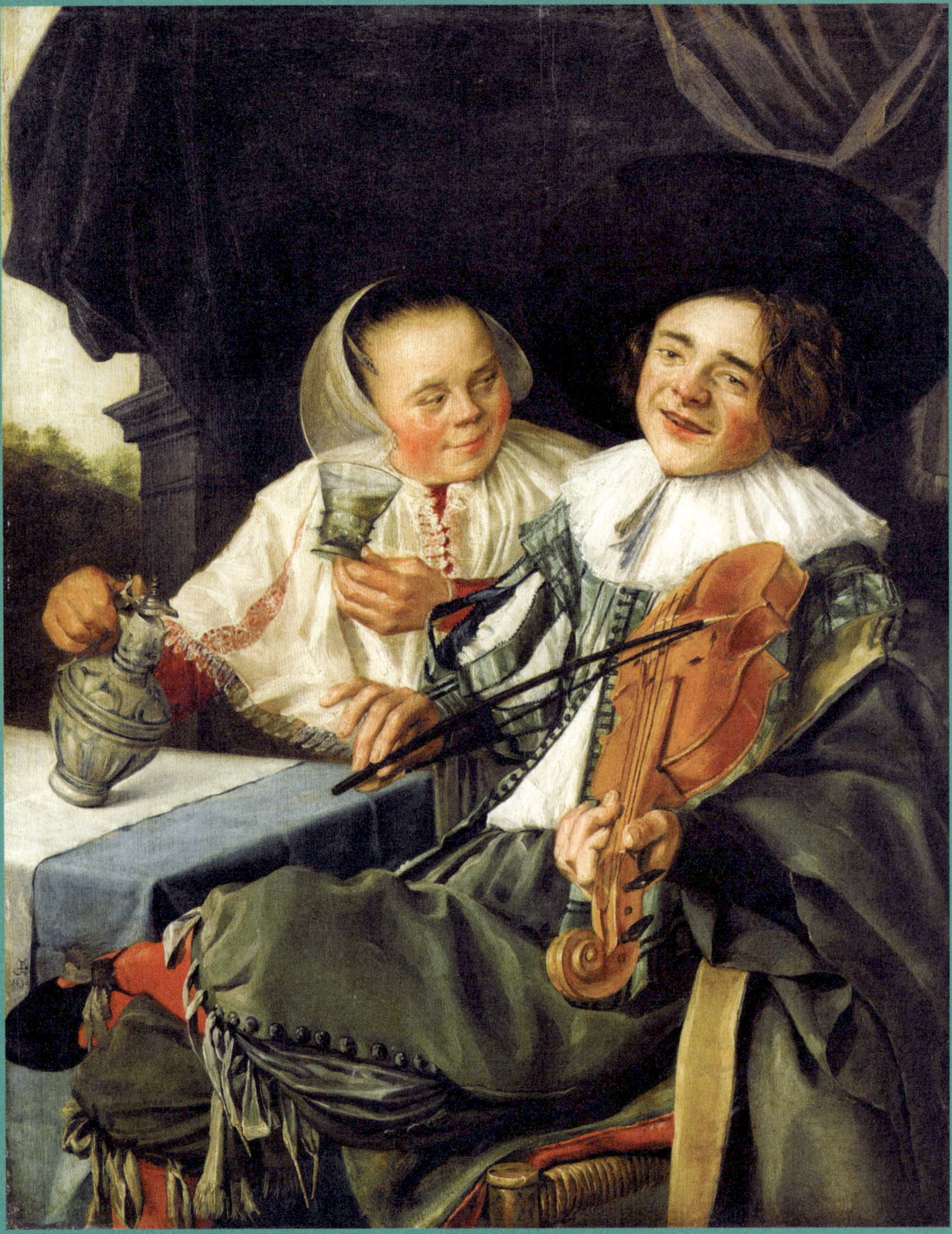

**JUDITH LEYSTER** (um 1609–1660)

# Lustige Gesellschaft

**1630** Ölfarbe auf Holz

Judith Leyster war eine niederländische Malerin. Sie ist eine der wenigen Frauen des Goldenen Zeitalters niederländischer Malerei. Bekannt ist sie für ihre lebensnahen und fröhlichen Alltagsszenen.

## Wollen wir ein Lied singen?

*»Liebster, ich sehe so viele ernste Gesichter hier! Kein Wunder, wenn sich alle nur um das **Lächeln** der Mona Lisa kümmern – das muss doch ein Schock für sie sein ...«*

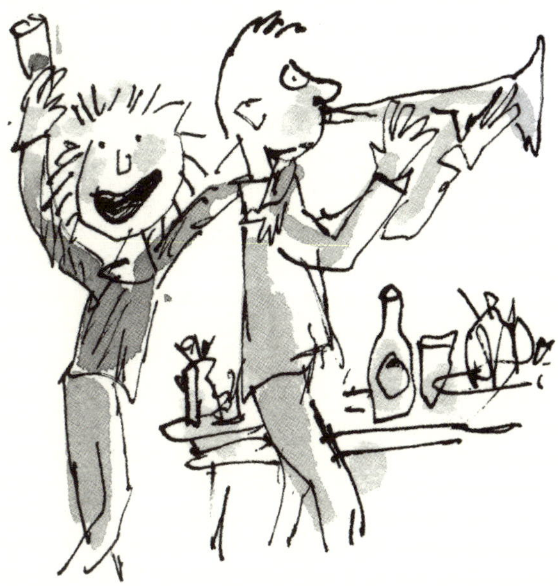

»Ja, da hast du recht, meine Liebe. Vielleicht bekommen wir ja ein bisschen Aufmerksamkeit, wenn ich **Musik mache** und wir singen. Klar, manchmal wird es spät bei uns, aber schließlich macht doch jeder gern mal Party!«

*»Es gehört zu unserem Wesen, **laut und lebhaft**. Und Judith Leyster, die uns gemalt hat, LIEBTE es, Musiker und fröhliche Menschen darzustellen.«*

»Judith war schon etwas Besonderes. Zu ihrer Zeit, also etwa vor 400 Jahren, gab es nicht viele **Künstlerinnen**. Die meisten der bekannten weiblichen Künstler kamen aus Künstlerfamilien. Judith hingegen stammt aus einer Familie von Bierbrauern.«

*»Aber sie hat sich den Respekt der Leute redlich verdient. Sie hatte sogar **ein eigenes Atelier**, Assistenten und Schüler. Und sie hat die Frauen in ihren Bildern genauso **selbstbewusst** dargestellt, wie sie selbst war. Auch ich stehe nicht in einer Ecke wie eine dumme Puppe, sondern habe Spaß!«*

»Ein Prosit darauf! Wollen wir ein Lied singen?«

## Leyster oder Hals?

»Vor einigen Hundert Jahren wurde behauptet, dass dieses Werk **von einem anderen Künstler**, Frans Hals, gemalt wurde. Judith Leyster kannte ihn, sie hatte ihn einst verklagt, weil er einen Assistenten von ihr abgeworben hatte. Vielleicht hat sie sogar selbst bei Hals studiert. Es stellte sich sogar heraus, dass die Signatur auf dem Bild eine **Fälschung** war und Judiths Unterschrift verdeckte.«

*»Ein Experte des Louvre deckte den Betrug auf und man fand heraus, dass viele Werke, die Hals oder ihrem Ehemann zugeschrieben wurden, TATSÄCHLICH von Judith gemalt wurden.«*

»Glücklicherweise wissen wir heute, dass diese Bilder ihr Verdienst sind. Lasst uns feiern und singen!«

# Stele von Prinzessin Nefertiabet

**2590–2533 v. Chr.** bemalter Kalkstein

Diese Steinplatte stammt aus dem Grab einer antiken, ägyptischen Prinzessin aus dem 3. Jahrtausend v. Chr. In dieser Zeit wurde die Große Pyramide von Gizeh gebaut.

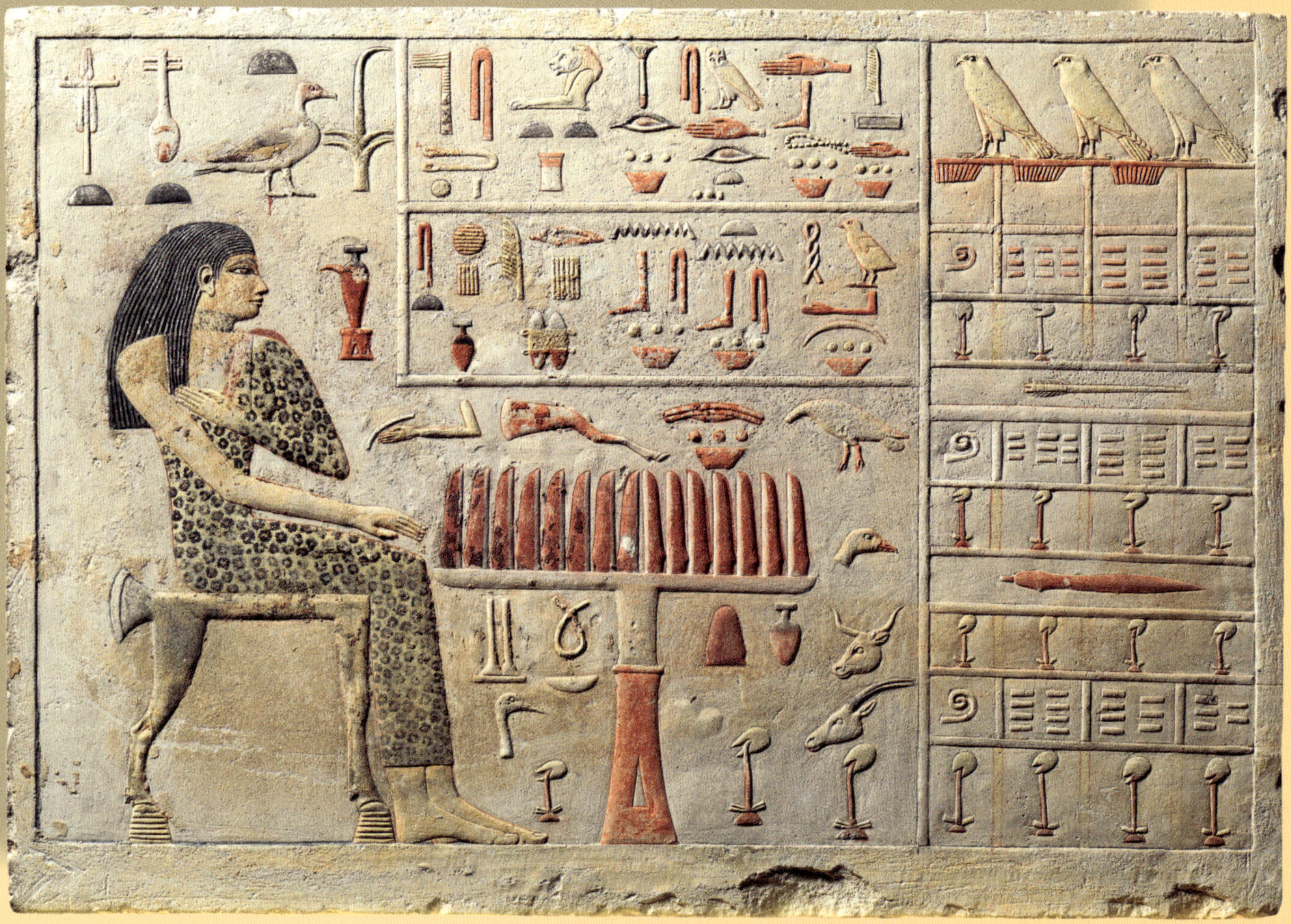

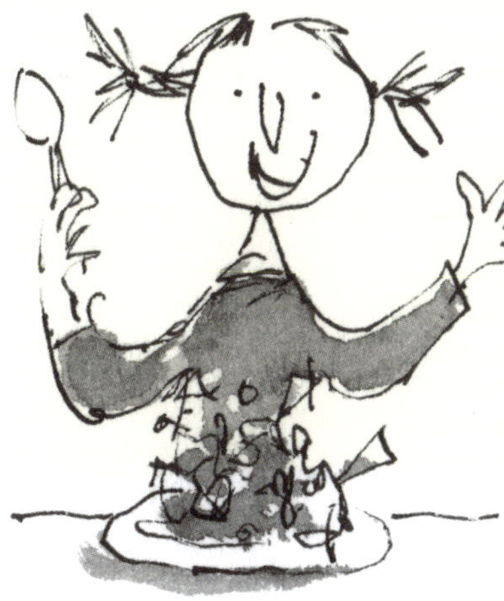

## Festmahl für eine Prinzessin

**Nur das Beste** für eine Prinzessin, sagen meine Eltern! Ich stimme zu. Doch hier haben sich die Künstler selbst übertroffen. Schau dir dieses Festmahl an. All das **für einen einzigen Menschen** – und für die Ewigkeit.

Fünfzehn Scheiben Brot sind ordentlich vor mir aufgereiht. Frisches Brot ist immer sehr verlockend, gern knabbere ich an ein, zwei oder sogar drei Scheiben zur Vorspeise. Über dem Brot eine köstliche Keule – Ochse, Antilope oder so ähnlich. Und ein wenig weiter rechts eine Gans. Kannst du sie erkennen? Der alte ägyptische Malstil ist sicher nicht **sehr realistisch**. Eher ähnelt er einem Code. Aber das Wasser läuft mir trotzdem im Mund zusammen, dir auch?

## Köstliche Hieroglyphen

All diese kleinen Bilder **versprechen auf geheimnisvolle Weise** ein vorzügliches Mahl. Im alten Ägypten waren wir davon überzeugt, dass ein Mensch nach seinem Tod ins Jenseits gelangt, das dem echten Leben sehr ähnlich ist. Daher brauchen wir im Jenseits auch alles, was das Leben auf Erden angenehm macht: Essen, Trinken, Kleidung, alle schönen Dinge und kleine Luxusgegenstände.

Aufgeschriebene und gemalte Menschen und Dinge galten als Zauberspruch oder Gebet, der oder das diese Dinge oder Menschen unsterblich machen sollte. Ziemlich cool, nicht wahr? Nach meinem Tod ließ ihre Familie diese Stele (Steinplatte) mit einem Festmahl fertigen und in das Familiengrab legen.

Um zu verstehen, wie groß und prächtig das Festmahl ist, muss du die Hieroglyphen lesen. Das sind kleine Bilder, aus denen sich die Schrift im alten Ägypten zusammensetzte. Hier einige Beispiele:

In der Nähe meiner niedlichen Zehen siehst du einige lustige kleine Zeichnungen, die wie ein halb aufgeblasener Ballon auf einer Art Kreuz aussehen. Das ist eine Lotuspflanze, eine Hieroglyphe, die für die Zahl 1.000 steht. Diese Zeichnung auf einem Bild bedeutet, dass das, was in der Nähe steht, 1000-fach vorhanden ist. Tausende dieser Leckereien – nur für mich allein! Wie viele Lotuspflanzen findest du?

In den beiden Feldern über dem Tisch erkennst du alle möglichen Köstlichkeiten wie süße Feigen, Kuchen, Johannisbeeren und Erwachsenengetränke aus Trauben und Datteln. Soll ich sie teilen? NEIN! Denn sie sind kostbar und nur dem Königsgeschlecht vorbehalten.

# Beauty-Tipps

Ich bin wirklich berühmt. Schau mich einmal näher an. Ich bin 4.500 Jahre alt und immer noch total **stylish**. Meine Perücke aus dichtem, schwarzem Haar? Legendär! Mein Kleid im Leopardenmuster? Heute würde man das Muster aus Tierschutzgründen nicht mehr tragen, aber der Look ist doch echt Vintage!

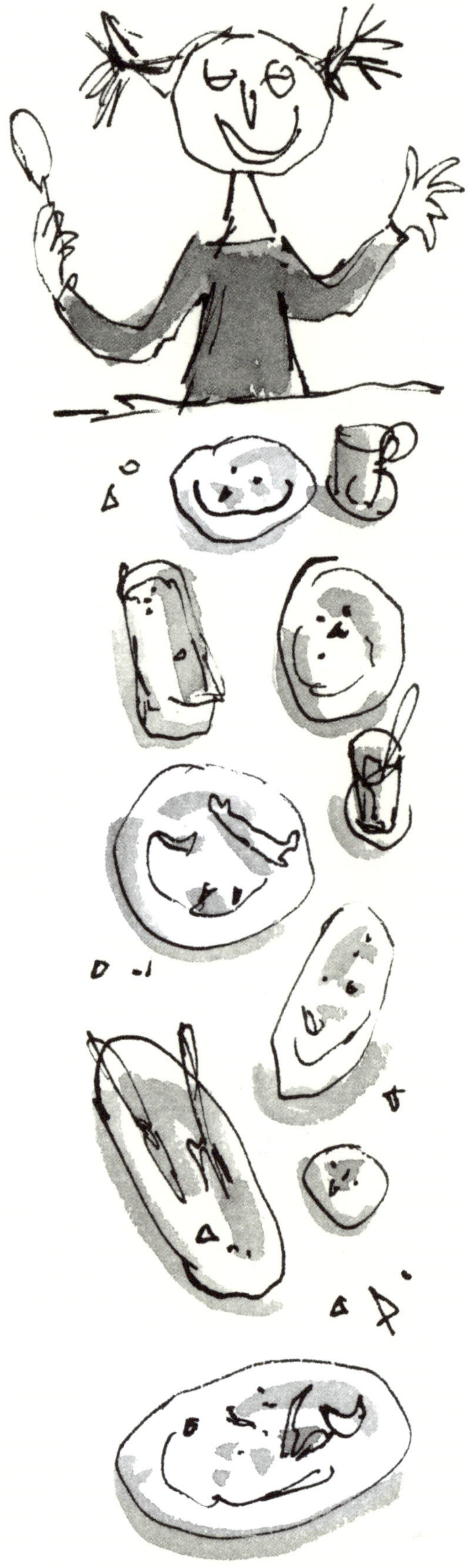

Ich liebe die Pose, in der mich die Künstler abbildeten, sie ist so elegant! Vielleicht sagst du, dass ich recht **verdreht und ungrade** sitze, aber genauso haben die Menschen in der damaligen Zeit gemalt. Den Kopf zur Seite gedreht, die Schultern nach vorn, die Beine in der Seitenansicht. Nicht sehr bequem, aber wir waren damals daran gewöhnt. Versuche doch selbst einmal, so zu sitzen.

Ich werde auch »Die Schönheit des Ostens« genannt. Dann werde ich immer ganz rot. Aber wichtig ist nicht, was andere denken, sondern dass **ich mich selbst gut fühle**. Das sage ich mir immer dann, wenn ich an Mona Lisa denke. Sie bekommt so viel Aufmerksamkeit, obwohl sie NICHTS von meinem königlichen Glamour hat. Und weißt du, was hilft? Körperpflege! Davon zeugen die Hieroglyphen im Feld oben in der Mitte. Sie stehen für Weihrauch, Lotion und zwei Arten von Eyeliner (grün und schwarz). Ich habe mich gern **verwöhnt**!

Mir wurde ein wenig geholfen, sodass ich heute noch so frisch und farbenfroh aussehe. Meine Stele war Jahrtausende lang **in einer Wand** eingeschlossen. Für mich war das sehr langweilig, aber immerhin bin ich so gut erhalten geblieben, dass du mich noch heute bewundert kannst. Was für ein Glück!

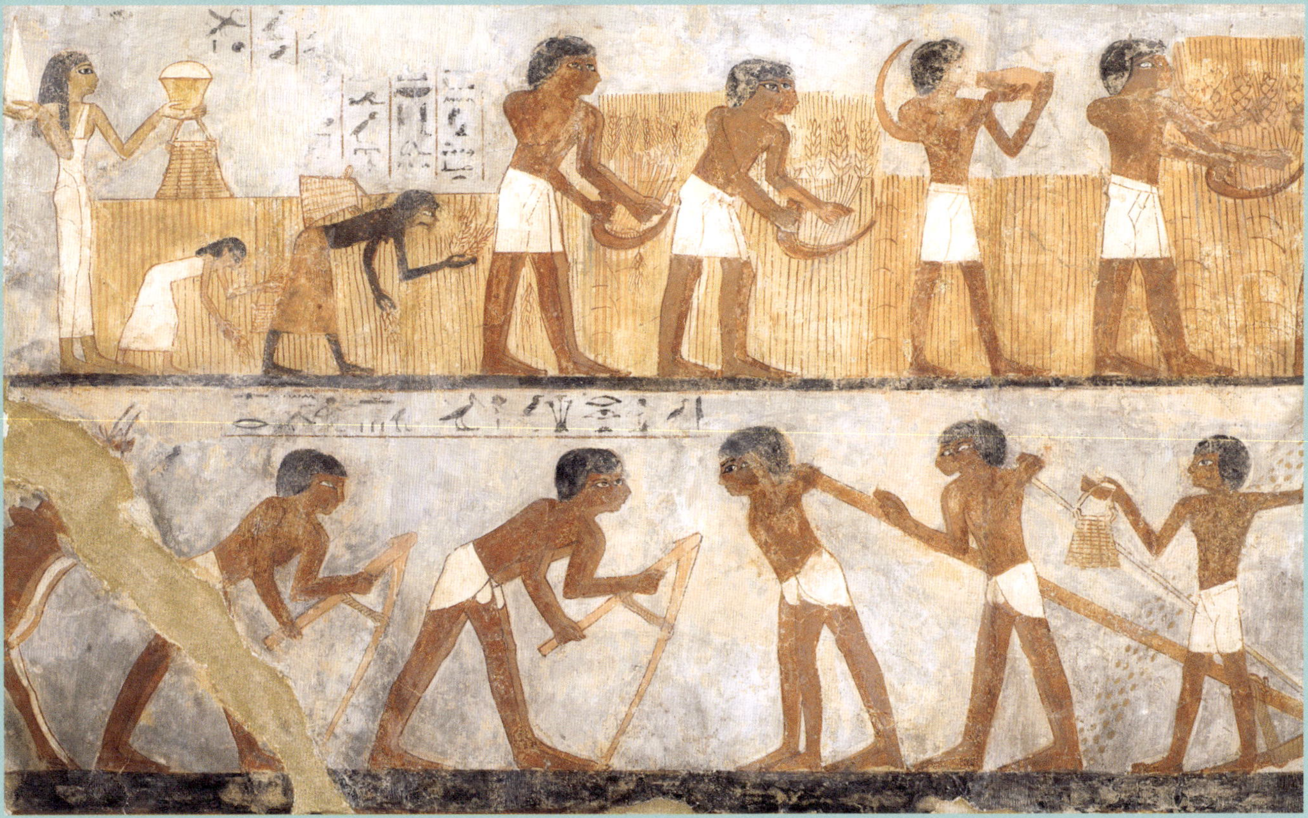

# Reich vs. arm

Hatte ich schon erwähnt, dass ich eine **Prinzessin** bin? Das ist eine große Sache! Über meinem Kopf steht mein Name und dass ich Teil der Familie des Pharaos Khufu war. Wahrscheinlich war ich seine Tochter, vielleicht auch seine Schwester. Nach Tausenden von Jahren verschwimmen so manche Erinnerungen. Jedenfalls wurde ich in die **höchste Gesellschaftsschicht** geboren, wir hatten viel Geld, Macht, Diener und Luxus. Ich führte das typische Leben einer Prinzessin.

Doch für andere war das Leben hart, habe ich gehört. Die meisten Menschen waren Bauern und mussten viel und lange **auf dem Feld arbeiten**, um genug zum Leben und zum Verkaufen zu ernten. Diese Menschen bekamen keine großen, schicken Gräber wie ich. Kunstwerke, die für Mitglieder der Königsfamilie oder für reiche Menschen geschaffen wurden, erzählen uns einiges über ihr Leben.

Diese Malerei stammt aus einer Kapelle und ist einem Mann namens Wensu gewidmet, der ein Schriftgelehrter war (wie der Mann auf Seite 43!). Wensus Job war es, die Kornernte zu zählen, daher malte der Künstler Szenen mit Menschen, die auf dem Feld arbeiten. Man kann sogar erfahren, worüber sie **bei der Arbeit sprachen** – siehst du die Hieroglyphen um sie herum?

Schau dir ihre einfache Kleidung an. Erkennst du, wie angestrengt und gebückt sie arbeiten? Trotzdem muss es ein gutes Gefühl sein, sinnvolle Arbeit zu verrichten. Denn die ist nötig, damit wir alle etwas zu essen haben. Ich habe mich beim Anblick ihrer Lebensumstände zwar glücklich und vielleicht auch ein wenig **schuldig** gefühlt. Aber mein Festmahl teile ich trotzdem nicht!

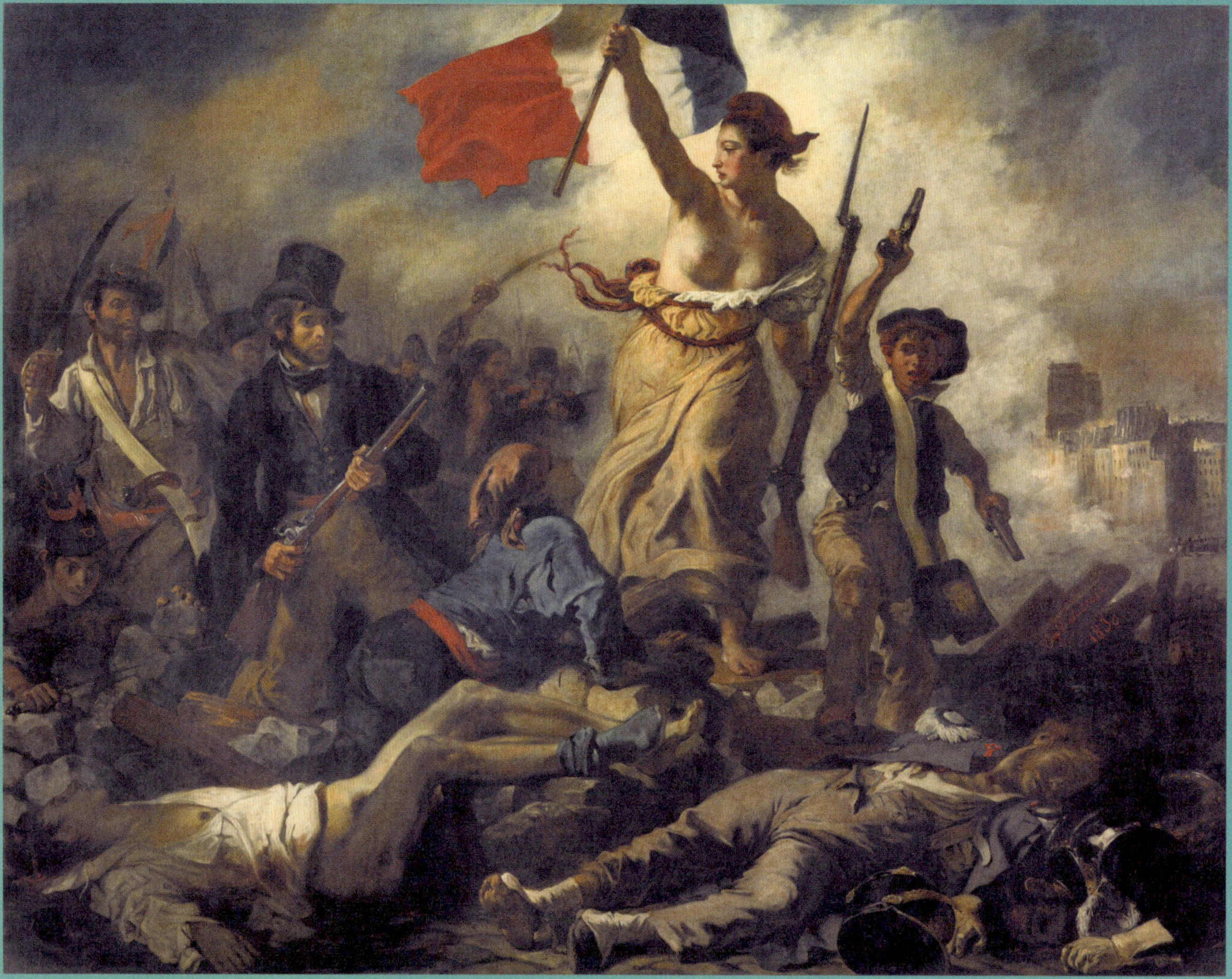

**EUGÈNE DELACROIX** (1798–1863)

# Die Freiheit führt das Volk

**1830** Ölfarbe auf Leinwand

Eugène Delacroix war ein französischer Maler, der im 19. Jahrhundert lebte und arbeitete. Bekannt war er für seine großen, farbenreichen, romantischen Szenen aus der Geschichte und der Literatur.

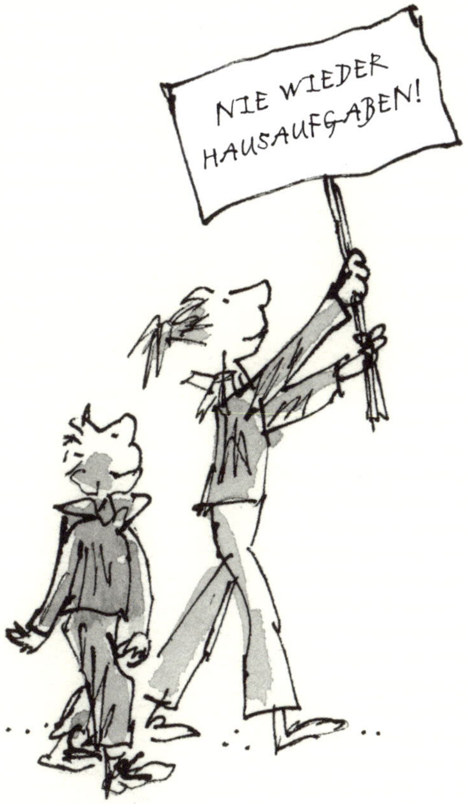


## Die Revolution stirbt nie!

Was denkst du über die Mona Lisa? Ich denke nicht über sie nach, denn ich muss eine **Revolution** anführen! Mein Name ist Freiheit, und alles an mir dreht sich um die Freiheit. **Freiheit** für alle, Freiheit für immer! Deshalb führe ich diese Krawallmacher während des dreitägigen Aufstands gegen den König in Paris an, der auch als »Die drei glorreichen Tage« bezeichnet wird.

Das ist harte Arbeit! Manchmal wird mir richtig kalt draußen, und ich mache mir Gedanken über mein Outfit. Aber wenn Menschen an etwas glauben, können sie **die Welt verändern**. Und mein Schicksal ist es, dieses »Etwas« zu sein.

Es ist seltsam, Delacroix betrachtete sich selbst nicht als Revolutionär. Doch zu sehen, wie andere kämpfen, hat ihn zu diesem weltberühmten Gemälde inspiriert. Und das Gemälde hat 200 Jahre lang Menschen zum **Kampf für die Freiheit** angeregt. Es gibt also immer mehrere Wege, die Welt zu verändern!

## Rot, Weiß und Blau

Kennst du die Fahne, die ich mit Stolz schwinge? Richtig, es ist die **französische Flagge**! In der Zeit, in der mich Delacroix malte, war sie ein gefährliches Symbol für die Revolution. Sie stand für ein Frankreich ohne König, in dem das VOLK mehr Macht hat. Natürlich war der König nicht mein größter Fan ...

Erkennst du andere **rote, weiße und blaue** Stellen, die Delacroix auf dem Bild verteilt hat? Die Flagge und ihre Farben verkörpern eine Idee und machen sie sichtbar. Genauso wie ich! Ich bin keine echte Person, sondern die **Idee** der Freiheit in Form einer Person. Ich stehe für die Revolution, die zum Leben erweckt wird.

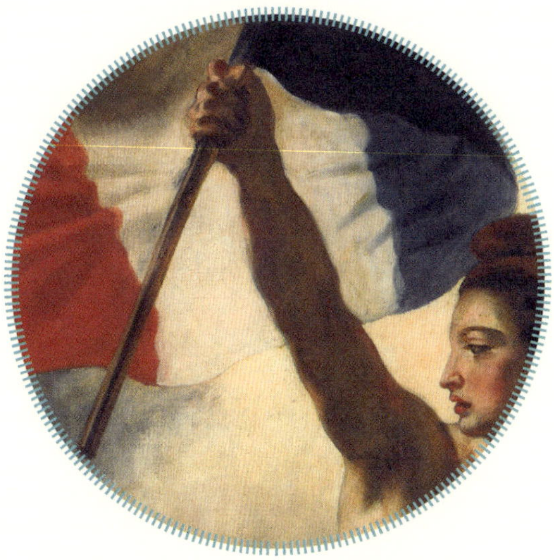

**PIERRE PUGET** (1620–1694)

# Milon von Kroton

**1672–1682** Carrara-Marmor
Aus den Schlossgärten in Versailles

Pierre Puget war ein französischer Bildhauer, Maler, Architekt und Ingenieur, der in der Epoche des Barocks lebte. Bekannt ist er für seine ausdrucksstarken Werke voller Emotionen.

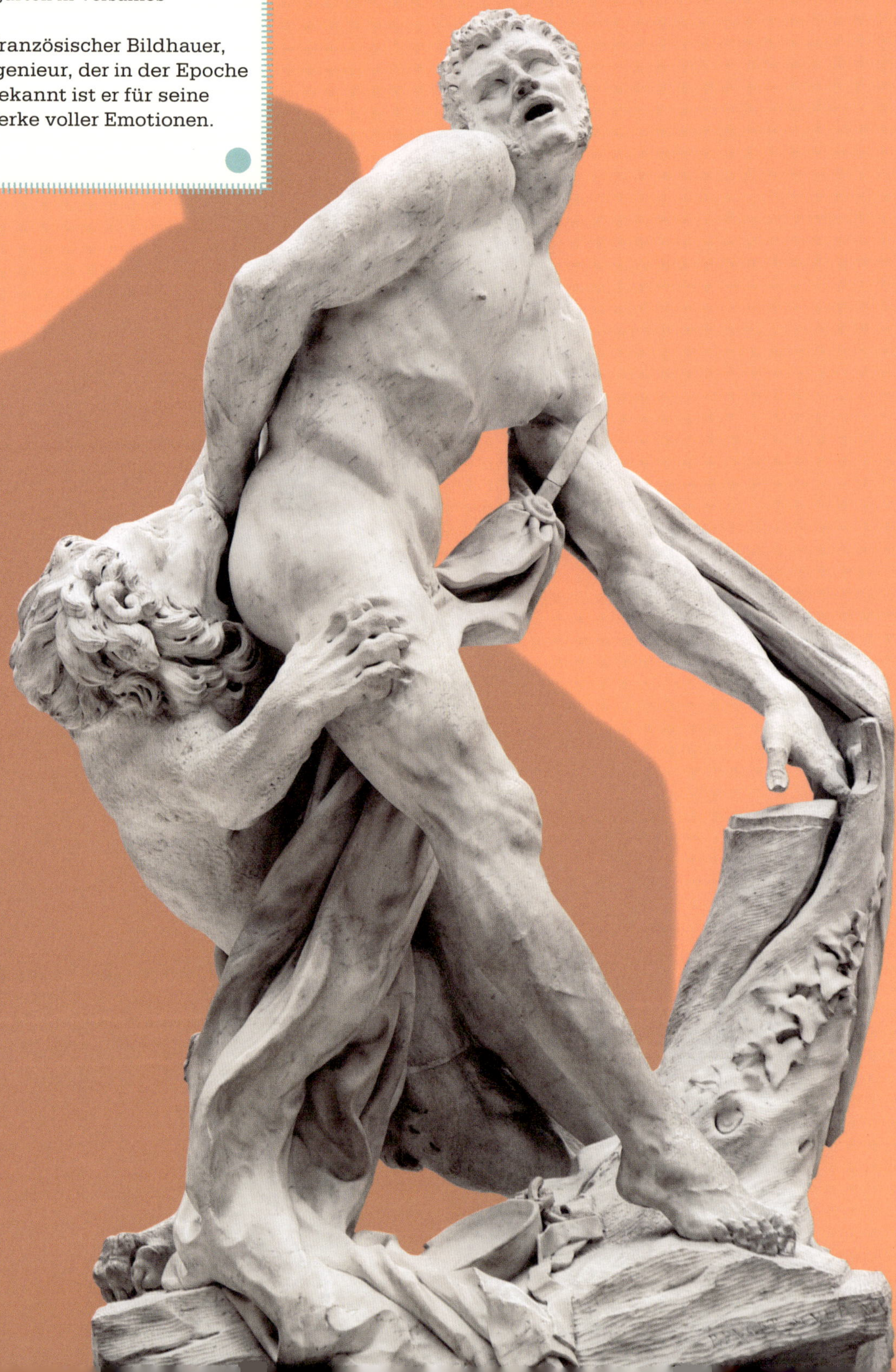

## Hör auf, in meinen Po zu beißen!

Aua! Komm schon, Löwe, hör auf! Ehrlich, nach 350 Jahren sollte er doch endlich müde werden, mich zu **beißen**. Mein Name ist Milon und hier siehst du mich nicht gerade von meiner besten Seite. Kennst du diese **schlechten Tage**, an denen alles schief läuft? An einem solchen Tag ist das hier passiert.

Ich war einer der besten Athleten der Welt, im gesamten antiken Griechenland und bekannt als Ringer und mehrfacher Olympiasieger. Aber dann habe ich behauptet, einen Baumstumpf **mit bloßen Händen** spalten zu können. Es hat nicht geklappt. Kannst du dir vorstellen, was dann geschah?

Meine Hand blieb stecken. NICHT gerade der coole, beeindruckende Auftritt, den ich mir erhofft hatte. Als ich einen Witz darüber machen wollte, kam ein **Löwe**, um mich aufzufressen. Wie gesagt, kein guter Tag. Und jetzt ist mein peinlichster Moment auch noch für die Ewigkeit in eine weltbekannte Statue gehauen.

Das Gute ist, ich sehe ziemlich muskulös aus, stimmts? Ich winde und krümme mich vor Schmerzen und dabei werden meine Muskeln richtig gut sichtbar. Puget hat meine Marmorhaut sogar geglättet und poliert und alles andere rau gelassen, damit sie besser zur Geltung kommen. Ein **Marmorgenie**, dieser Künstler! Er sagte sogar: »Der Marmor erzittert vor mir.« Ein bisschen eingebildet, aber recht hat er.

## Barockes Drama

Meine Geschichte ist ganz schön dramatisch, nicht wahr? Sie passt perfekt in den Barock, meint Puget. Das Barock war eine Kunstrichtung, die sich vor 400 Jahren über ganz Europa verbreitete. Ihr wichtigstes Anliegen war, ein DRAMA aus allem zu machen.

Der Löwe und ich sehen aus, als ob wir jeden Moment **zum Leben erwachen** könnten. Schau dir nur unsere nach hinten geworfenen Köpfe und die bis in die Zehen gestrafften Muskeln an. Kannst du mich schreien hören? Im Barock ging es darum, die echte physische und emotionale **Kraft** zu erfassen, damit sich die Menschen in der Kunst verlieren und etwas FÜHLEN können.

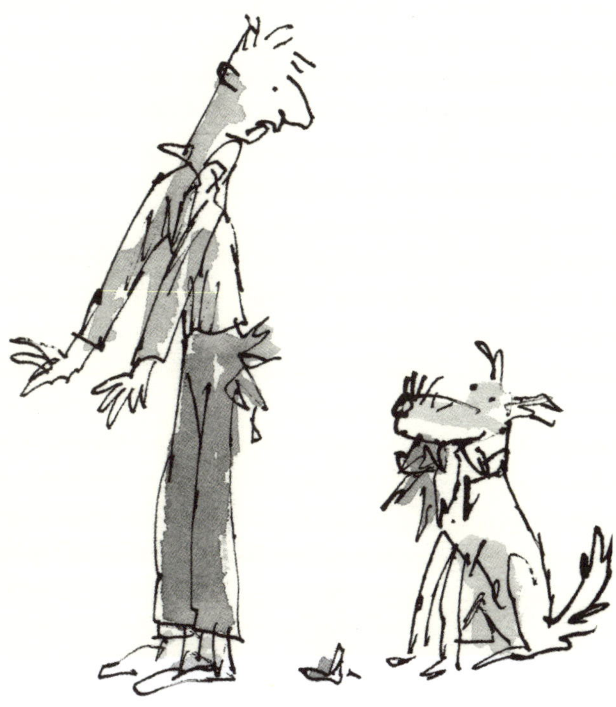

# Sitzender Schreiber

**Um 2620–2500 v. Chr.** Kalkstein, Alabaster, Bergkristall und Kupfer

Die Namen der ägyptischen Künstler sind unbekannt, aber sie müssen sehr begabt gewesen sein. Diese Statue wurde in Sakkara, einem antiken Gräberfeld in Ägypten, gefunden.

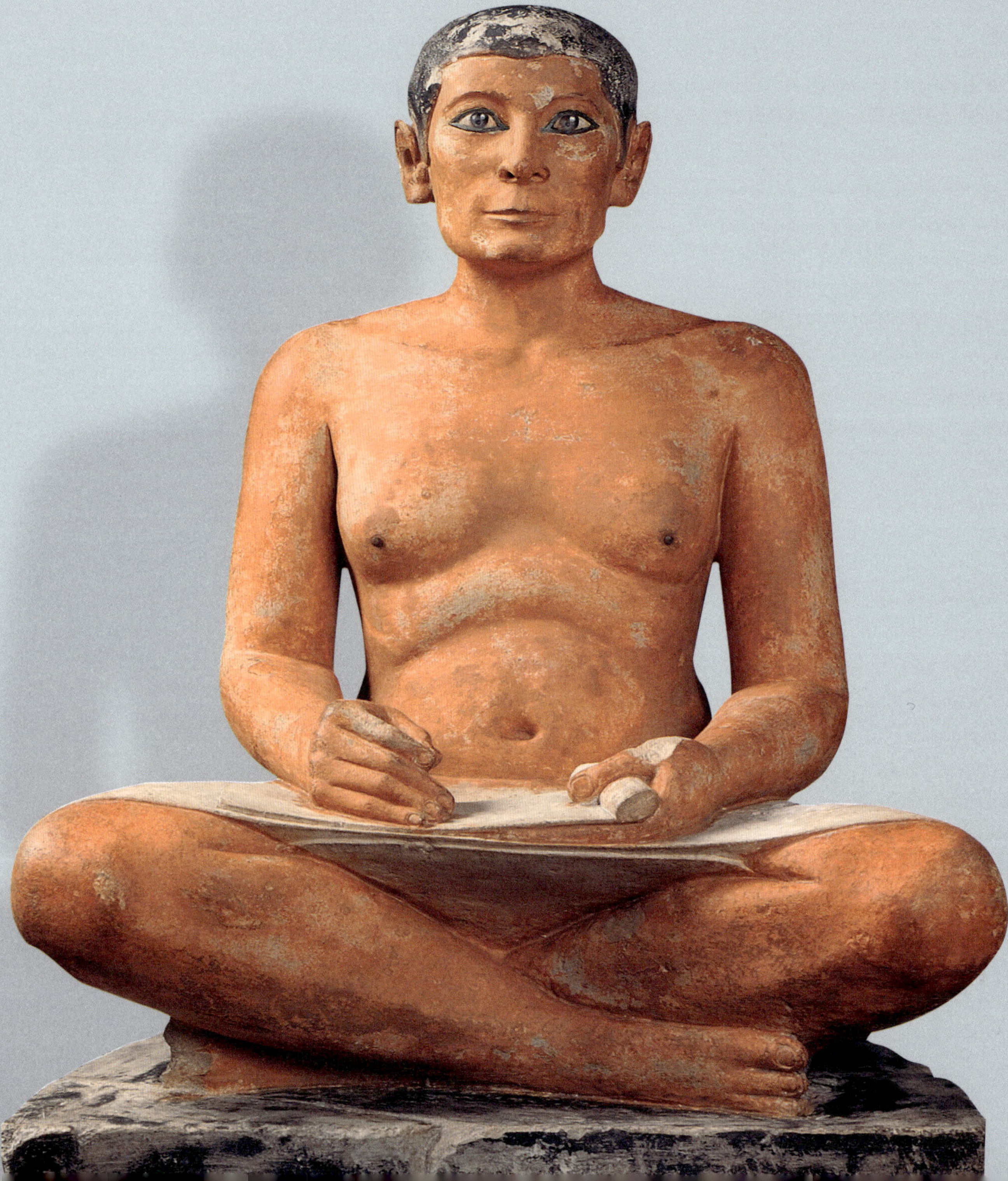

## Wann ist endlich Pause?

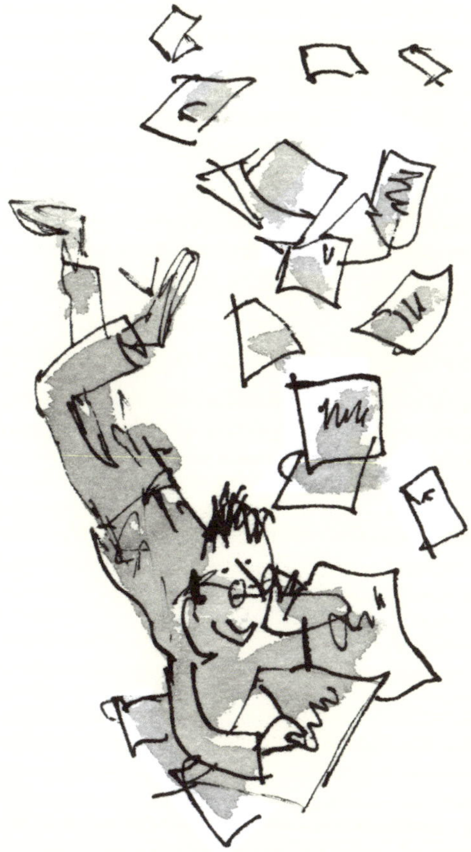

Es hat mich nie gestört, dass Mona Lisa mehr Aufmerksamkeit bekommt als wir anderen. Mich gibt es schon sehr lange – etwa 4.500 Jahre. Ich bin einfach nur glücklich, **nicht zu Staub zerfallen** zu sein. Es ist sehr schmeichelhaft, dass so viele Menschen mich sehen wollen, vor allem, weil ich kein großer Anführer oder Gott oder so etwas Besonderes war.

Ich bin nur ein Schriftgelehrter und Diener meines Pharaos (so nannten wir zu meiner Zeit den König oder die Königin). Ich schrieb alles auf und verwaltete alles, was täglich im Königreich passierte. Immer noch halte ich meine **geliebte Schriftrolle** im Schoß, aber irgendwann hatte ich auch mal einen Pinsel ... Im Laufe der Jahre ist der wohl verloren gegangen.

Ein kleines bisschen meckern muss ich aber doch: **Ich liebe meine Arbeit**, aber ich erfülle meine Pflicht als Schreiber nun schon seit Tausenden von Jahren. Ist ein Tag Pause da **zu viel** verlangt?

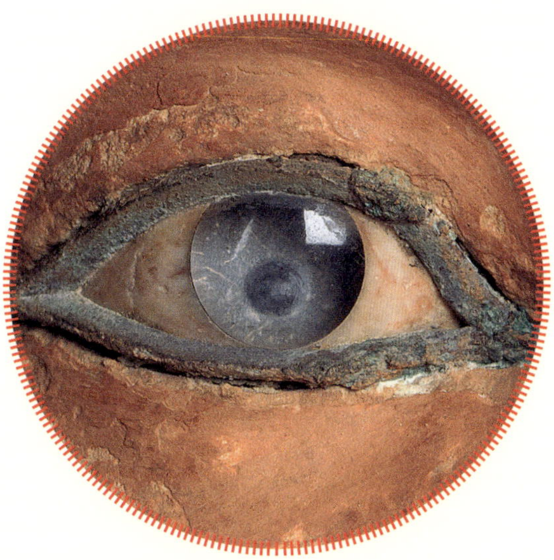

## Schau mir in die Augen

Die Menschen staunen immer, wie lebendig ich aussehe. »**Diese Augen!**«, raunen sie. »Das Schlüsselbein, der kleine, weiche Bauch, die Falten und Schatten um den Mund, die Wangen und das Kinn. Und die Fingernägel – man kann sogar die Nagelhaut erkennen.« Das Lob gilt nicht mir und auch keinem der Künstler, die mich geschaffen haben. Denn heute weiß niemand genau, wer das war!

Die Künstler waren offenbar **höchst begabt** in der Steinbearbeitung, und mit meinen Augen haben sie sich ganz besonders Mühe gegeben. Schau mal genau hin – das Weiß ist aus rot marmoriertem Stein und sieht daher ganz echt aus. Und die Kristalle, die in der Mitte als Pupille eingesetzt wurden, sind poliert, damit sie **das Licht reflektieren** wie menschliche Augen. Ein bisschen spooky, oder?

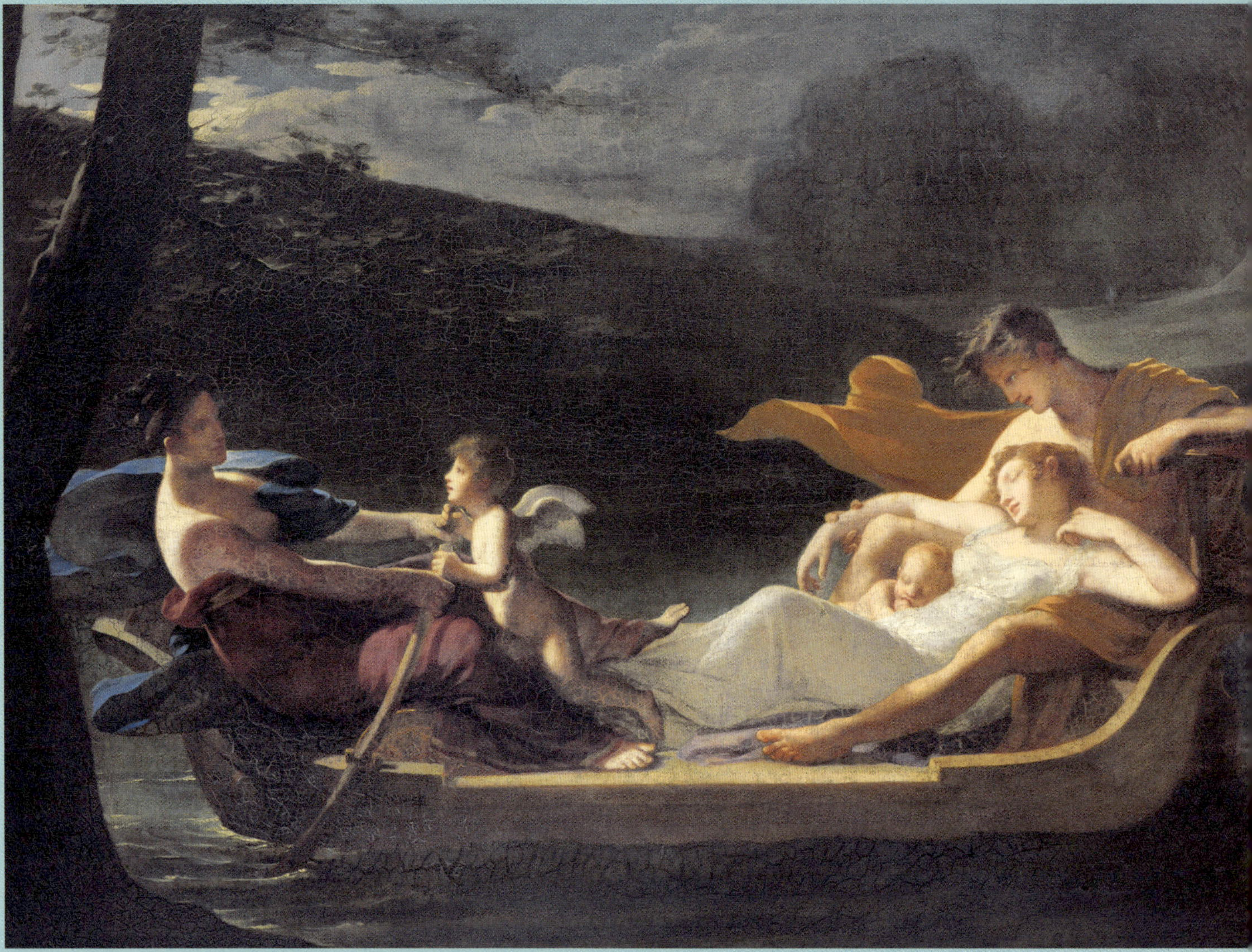

**CONSTANCE MAYER (ODER MAYER-LAMARTINIÈRE)** (1778–1821)

# Der Traum vom Glück

**1819** Ölfarbe auf Leinwand

Constance Mayer war eine französische Malerin, die im 19. Jahrhundert lebte und arbeitete. Bekannt ist sie für ihre friedlichen Porträts und Szenen aus dem Familienleben.

## Im Traumland

»Hallo! Hören Sie mich?« Sie antwortet einfach nicht, denn sie ist viel zu beschäftigt damit, auf die andere Seite des Bootes zu schauen.

Ich bin der mit den Flügeln! Damit bin ich doch eigentlich viel interessanter als die anderen, oder? Selbst die Künstlerin wollte, dass man mich anschaut. Sie hat mein Gesicht ganz hell gemalt wie im Scheinwerferlicht.

Okay, auch die schlummernde Mutter und das Baby liegen im Scheinwerferlicht, und sogar der träumerische Vater bekommt ein bisschen Licht ab. Aber sie sind doch nur wegen mir so eng und **glücklich** aneinander gekuschelt. Denn ich bin die Liebe. Und diese ruhige, glamouröse Lady vor mir ist Fortuna, die Glücksgöttin – auch ihr haben wir also einiges zu verdanken.

Die Malerin wusste, dass **Liebe und Glück** wichtig sind, um zufrieden zu sein. Das Leben kann manchmal hart und grausam sein; sie hat das oft erfahren. Sie wollte ihrem Traum folgen und als Künstlerin arbeiten und mit ihrem geliebten Mann, dem Künstler Pierre-Paul Prud'hon, glücklich leben. Aber sie musste einige Tiefschläge hinnehmen.

Die Welt kann sich den Träumen der Menschen immer wieder versperren. Deshalb ist große Kunst so magisch: Sie gehorcht den Regeln der Welt nicht. Die Welt außerhalb dieses Bootes besteht aus dunkler Landschaft und tiefem Wasser. Aber sie kann der Familie und ihrem **perfekten Glück** nichts anhaben. Das Einzige, was Mayer ihr gestattet, ist ein Windhauch in einem Schal. Dadurch wird dieses Bild zu einem Traum – zu einem wunderschönen Traum.

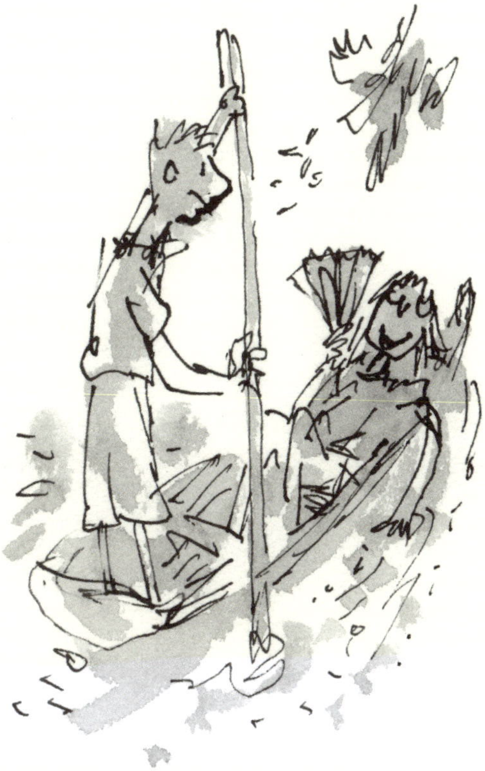

## Zwillinge!

Der Louvre verfügt über eine Skizze von Pierre-Paul Prud'hon, die diesem Werk SEHR ähnlich sieht ... Eine Fälschung? Zufall? Oder Schwindel, wie beim Abschreiben der Mathehausaufgaben? **Fangfrage** – nichts davon ist richtig!

Prud'hon und Mayer arbeiteten zusammen, und so verwendete sie seine Skizze als Vorarbeit für ihr Bild. Damals dachten vielen Menschen, dass Frauen keine Künstlerinnen sein könnten, und behaupteten, Mayer sei nur eine Art Malen-nach-Zahlen-Künstlerin für Prud'hon. Heute wissen wir jedoch, dass sie **eine brillante eigenständige Künstlerin** war, und machen dieser Diskriminierung den Garaus!

**GUILLAUME COUSTOU** (1677–1746)

# Die Pferde von Marly

**1745** Marmor

Guillaume Coustou war ein französischer Bildhauer des Barocks. Bekannt ist er für seine dramatischen Werke, von denen er viele für französische Könige fertigte.

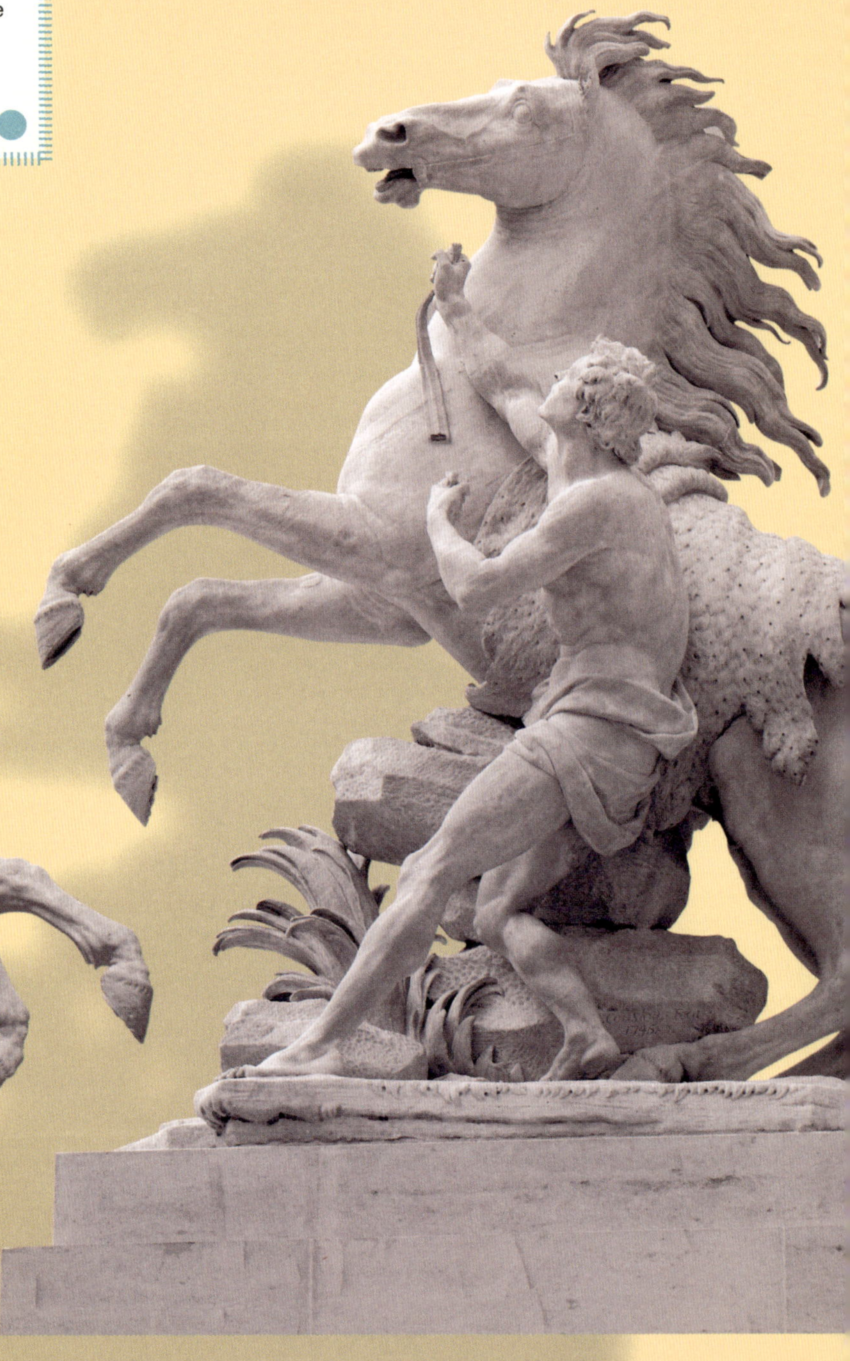

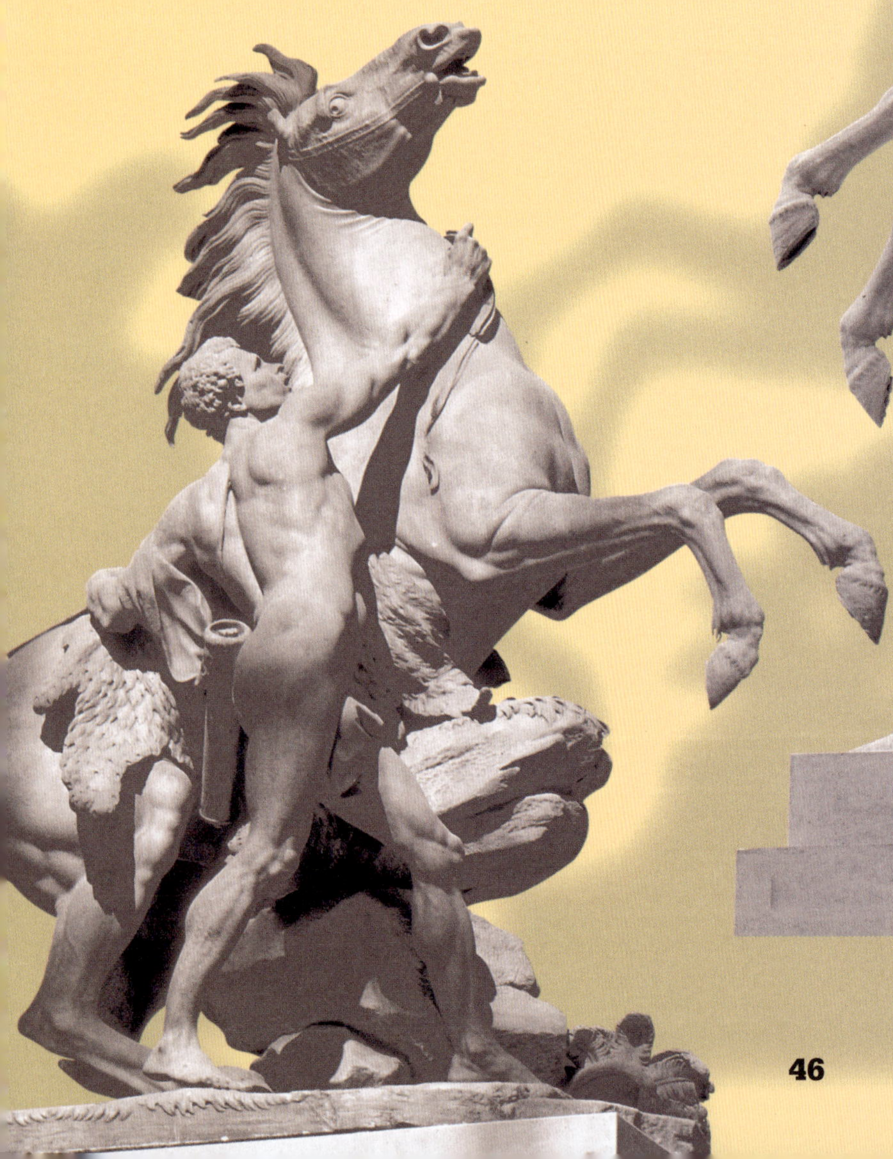

## Vorwärts ...!

*»RUNTER VON MIR! Ich bin ein WILDES TIER, ein freier Geist, der sich nicht bändigen lässt! Vor allem nicht von einem* ***halb nackten Menschen****, der mir nicht einmal eine Karotte oder einen knackigen Apfel mitgebracht hat.«*

»JA, STIMMT! Gib mir ein paar Snacks und besorg dir ein paar Klamotten, dann können wir weitersehen. Er ist mein Pfleger, er müsste jetzt eigentlich ARBEITEN. Mit dieser schäbigen Decke auf meinem Rücken trage ich viel mehr als er!«

*»An eurer Stelle hätte ich mehr Angst vor uns. Schau mal, wie KRÄFTIG wir sind! Doppelt so groß wie ein durchschnittlicher Mensch, pralle Muskeln vom Kopf bis zu den Hufen, wilde Mähnen auf kraftvollen Köpfen und offene Mäuler, aus denen wir unsere Wut ausschnauben ...«*

»Genau, diese Pferdeknechte sollten **Acht geben**. Die Zügel, mit denen sie uns halten, können wir jederzeit zerreißen.«

*»Richtig! Wären wir nicht aus schwerem Marmor, wären wir längst WEG. Stell dir vor, wie wir nebeneinander durch Paris galoppieren, das ist wirklich* ***beeindruckend****.«*

»Oh ja! Obwohl wir jetzt schon ziemlich imposant sind. Es ist kaum vorstellbar, wie der Bildhauer Coustou uns und alles andere – die Knechte, die Decke, die Pflanzen und Steine – aus einem riesigen, über drei Meter hohen Marmorblock geschlagen hat. Dabei sind die Steine wahrscheinlich noch am einfachsten gewesen.«

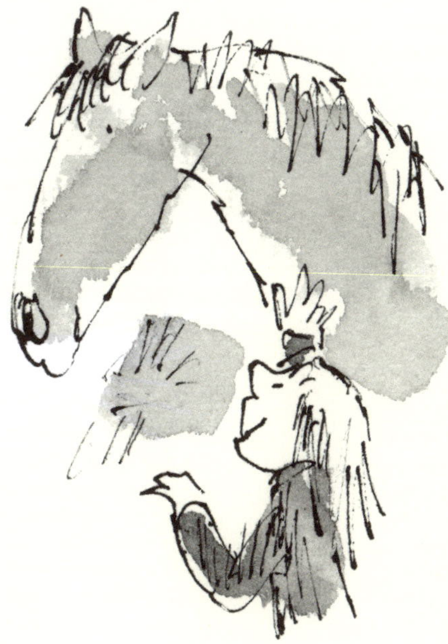

## Zuhause ist's am schönsten

*»Ich bin zwar extrem* ***wild und ungezähmt****, aber eigentlich bin ich gern im Marly-Hof. Es ist, als wäre ich draußen, aber mit einem Glasdach über dem Kopf ist es schön gemütlich. Meinst du, ich werde langsam alt?«*

»Klar, wir werden beide älter! Es war schon schön am Schloss von Marly. Netter Zug von Ludwig XV., uns auf jeweils eine Seite einer Pferdetränke zu stellen. Während der Französischen Revolution war ich gern an der Place de la Concorde – damit hatte ich irgendwie das Gefühl, dazuzugehören. Aber durch den ganzen kühlen Wind und den Regen haben wir uns ziemlich abgenutzt.«

*»Ja, vielleicht können wir* ***wild und frei sein UND es gemütlich haben****?«*

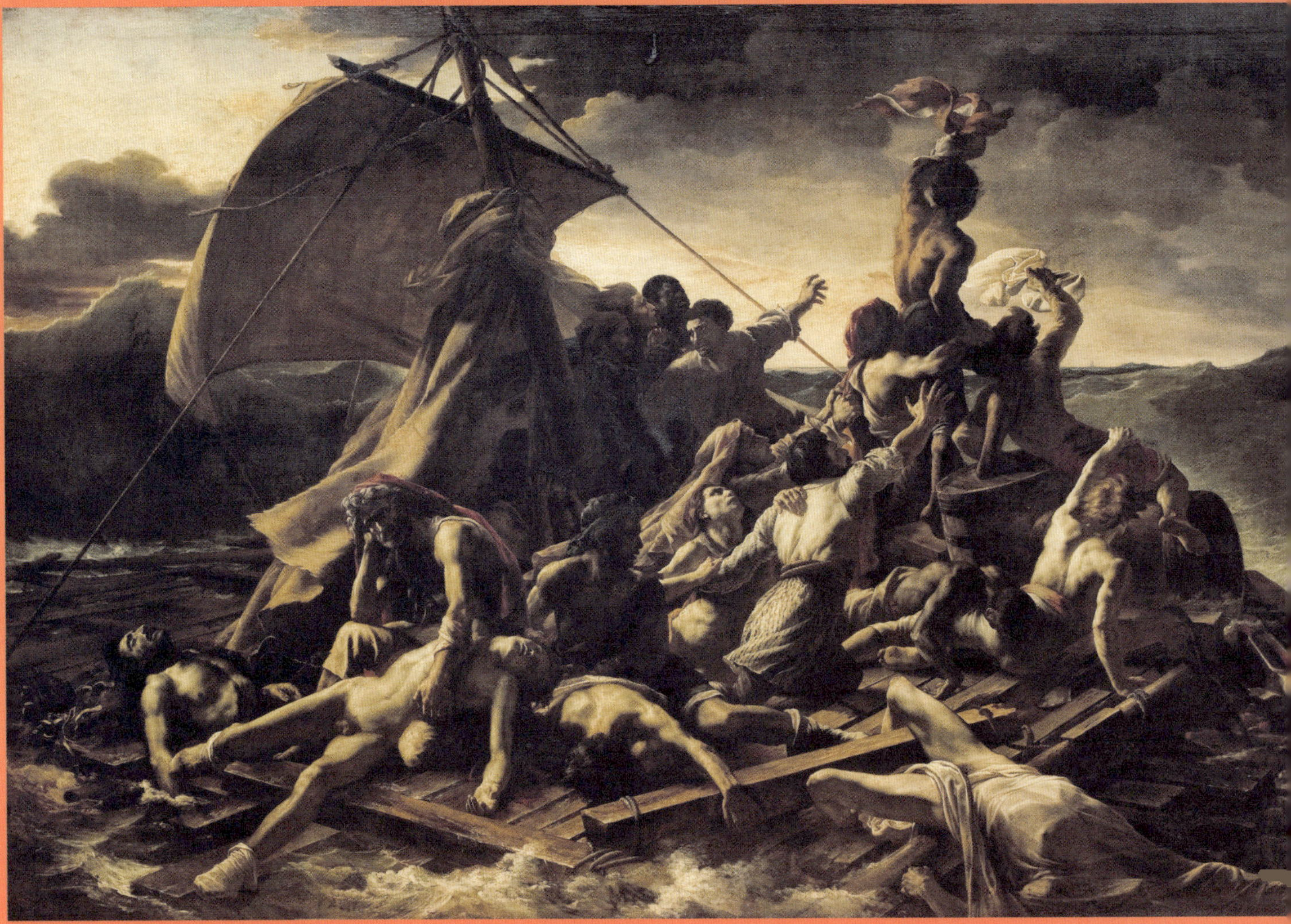

**THÉODORE GÉRICAULT** (1791–1824)

# Das Floß der Medusa

**1818–1819** Ölfarbe auf Leinwand

Théodore Géricault war ein französischer Maler und Bauzeichner, der in der Epoche der Romantik lebte und arbeitete. Bekannt ist er für seine dramatischen Szenen von realistischen Ereignissen, die während seiner Lebenszeit passierten.

## Horrorfahrt

*»STOPP! Wartet! Wohin wollt ihr? Wir sind hier! Könnt ihr uns nicht sehen? Mein Arm tut schon weh, weil ich diese rot-weiße Flagge schwinge, und ich weiß nicht, wie lange ich mich noch auf diesen Planken halten kann ...«*

»Oh nein, seit mehr als 200 Jahren denkt er nun schon, dass der kleine Punkt am Horizont ein Schiff ist, das uns retten wird. Ich hab's doch gesagt: Das ist viel zu weit weg! Man kann es nicht richtig sehen, oder? Ich meine dieser geisterhaft kleine graue Mast, der direkt unter der Armbeuge des Mannes in den roten Shorts aus dem Wasser in den Himmel ragt. (Seine Achseln riechen bestimmt nicht mehr so angenehm, denn wir sind seit Ewigkeiten auf diesem Floß unterwegs ...)«

*»Wenigstens VERSUCHE ich es! Und du schmollst da nur unter deinem roten Kopftuch wie das älteste, mürrischste Rotkäppchen der Welt.«*

»Du wirst schon noch merken, dass ich sehr **tiefgründig** über den Tod und die Menschheit nachdenke. Und darüber, wie machtlos wir gegenüber den gewaltigen Kräften der Natur, des Schicksals und der grausamen Gleichgültigkeit unserer sogenannten Anführer sind.«

*»Schon klar, du bist ein echter Miesmacher. Wir ALLE haben Schiffbruch erlitten und haben Hunger, nicht nur du. Aber immerhin haben wir überlebt, dafür sollten wir dankbar sein! Alle Überlebenden außer dir suchen den Horizont ab, machen sich groß, schauen sich gegenseitig oder das Schiff an und **tun ihr Bestes, um zu ÜBERLEBEN**. Wenn dieses Schiff uns rettet, werde ich auf keinen Fall eine Koje mit DIR teilen.«*

## Eine wahre Geschichte

*»Wahrscheinlich denkst du auch, dass dieser Albtraum auf dem Floß nur ein Märchen ist, das sich Géricault ausgedacht hat. (Denn Künstler können ja bekanntlich SO dramatisch sein, oder?) Falsch! Die* Medusa *war ein echtes Schiff mit einem schicken, aber nutzlosen Kapitän, der seinen Job nur durch Beziehungen bekommen hat. Dabei hatte er seit zwanzig Jahren kein Schiff mehr gesteuert ...«*

»Die **Medusa** erlitt Schiffbruch. Und, wen wundert es, es gab nicht ausreichend Rettungsboote. Daher haben wir für alle, die keinen Platz ergattern konnten, schnell dieses **Floß** zusammengeschustert.«

*»... und der Kapitän hat offenbar die Verbindungsleine durchgeschnitten! Uns hat er dem Tod überlassen, damit ER sicher nach Hause kommt. Was für ein Feigling! Zuerst waren wir 150 Menschen auf diesem Floß. Und nun rate mal, wie viele überlebt haben und diese Geschichte erzählen konnten? ... ZEHN.«*

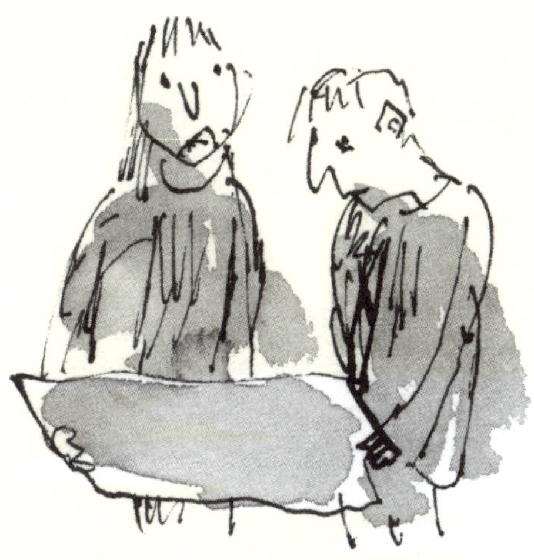

# DAS soll Romantik sein?

»Heute gelten hübsche Blumen und ein nettes Abendessen als romantisch. Aber dieses Bild von unserer **Notlage** und unserem **Leid** hat offenbar auch mit Romantik zu tun, richtig?«

*»Richtig, Géricault war ein großer Romantiker. Aber die Kunst der Romantik steht nicht für kitschige Valentinsgeschenke und niedliche Bärchen mit Herzen in der Hand. Zur Zeit Géricaults stand Romantik für eine neue* ***Denkweise*** *und eine neue Kunstrichtung. Wir wollten mit den strengen Regeln des Denkens, der Lebensweise und der Kreativität brechen – und durch tiefes Nachdenken und tiefe Gefühle unsere EIGENEN, freieren Herangehensweisen entwickeln.«*

»Dann bin ich nicht der einzige Denker und Gefühlsmensch. Worum ging es in der Romantik?«

*»Die Natur spielte eine GROSSE Rolle. Siehst du all die Farben und Bewegungen des Himmels und des Meeres? Sie bilden nicht nur den Hintergrund für die Menschen, sondern sind* ***LEBENDIG****. Du kannst förmlich SEHEN, wie der Wind in das Segel und die dunklen Wolken bläst, das Wasser aufmischt und die Wellen anhebt. Da ist richtig was los, und es ist total dramatisch.«*

»Also hat uns Géricault aus romantischer Rebellion so groß gemalt, obwohl wir gewöhnliche Menschen sind, denen zufällig etwas Aufregendes passiert ist? Wenn ich mich recht erinnere, sollten auf großen Gemälden nur antike Mythen und Bibelgeschichten erzählt werden. Und nicht die Story von so **ein paar Typen** ...«

*»Richtig! Viele Kritiker waren damit auch NICHT EINVERSTANDEN.«*

## Groß und schockierend

*»Das ist im Buch zwar nicht zu erkennen, aber unser Gemälde ist RIESIG! Etwa halb so groß wie eine Kinoleinwand.* ***Mit ECHTEM Wow-Effekt****! Acht Monate lang arbeitete Géricault von morgens bis abends daran. Und bei der ersten Präsentation im Louvre hat es genauso viele Wellen geschlagen wie wir. Ich kann mich noch gut an all das Raunen und Flüstern erinnern ...«*

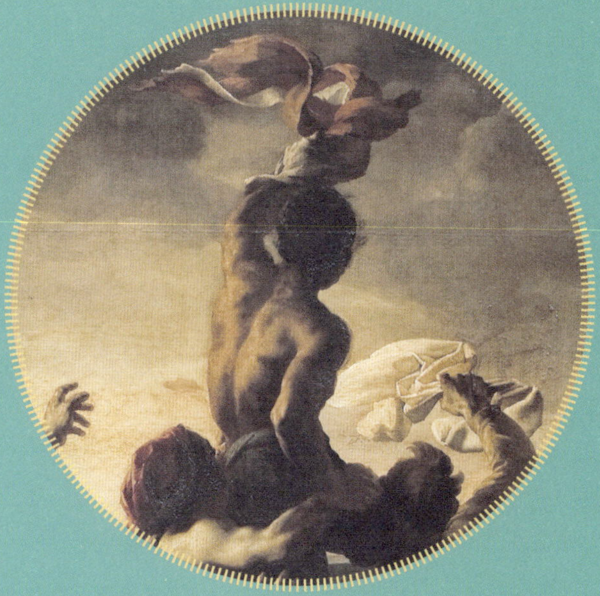

»Ich auch. Wahrscheinlich fanden die meisten Leute die **grausamen Leichen** und das rohe Leiden ein wenig zu hart – vor allem auf einem so großen Bild. Auch für die heutige Zeit ist es schockierend. Und das sage ich, der ich doch einen toten Körper festhalte!«

*»Mit der realistischen Darstellung der Szene und der Körper hat sich Géricault selbst übertroffen. Er schien ein bisschen besessen zu sein! Er befragte Überlebende, studierte im Leichenschauhaus tote Körper, baute das Floß in seinem Atelier gemäß den Zeichnungen eines Überlebenden nach und zeichnete sogar immer wieder einzelne Körperteile, um diese kranken Farben und leblosen Posen ganz echt malen zu können.«*

»Er hatte keinen Auftrag und erhielt kein Geld dafür, was **sehr ungewöhnlich** war. Er WUSSTE, dass es etwas Besonderes war. Den *Medusa*-Skandal befeuerte er mehr denn je und entfachte damit Proteste gegen den französischen König – und gegen die elitäre Gesellschaft, die die Armen leiden ließen, damit die Reichen noch mehr bekamen.«

*»Stimmt. Obwohl die Menschen die grausamen Details kannten (auch Kannibalismus, der im Bild nicht zu sehen ist), traf sie die Darstellung der Geschichte auf einem so großen Bild noch härter.«*

## Videostar

»Für uns ist die Mona Lisa keine Konkurrenz, denn wir sind auch eine GROSSE NUMMER. Jay-Z und Beyoncé haben uns sogar als Hintergrund für ihr Musikvideo im Louvre gewählt.«

*»Ja, ja, aber du solltest VIEL mehr darüber nachdenken, was hätte geschehen können. Bei ihrem Schiffbruch war die* Medusa *auf dem Weg nach Westafrika, um die Herrschaft im Senegal zu übernehmen. Manche vermuten daher, dass Géricault mit seinem Bild die Sklaverei und den Kolonialismus anprangern wollte. Nur ein einziger Dunkelhäutiger überlebte, doch Géricault malte drei von uns. Ich stehe oben auf dem Leichenberg auf dem Floß – alle MÜSSEN zu mir aufschauen, sehen, dass ich leide, hoffe, kämpfe und ebenfalls scheitere.«*

# Der Löwe von Monzón

**um 1100–1300** Bronze
Ursprünglich aus Monzón de Campos, Spanien

Im 12. und 13. Jahrhundert war Südspanien muslimisch und wurde von der Stadt Córdoba aus von einem Kalifen (so wurde früher ein islamischer, religiöser Anführer genannt) beherrscht. Dieser Löwe war eine Brunnenfigur auf einem großen Platz.

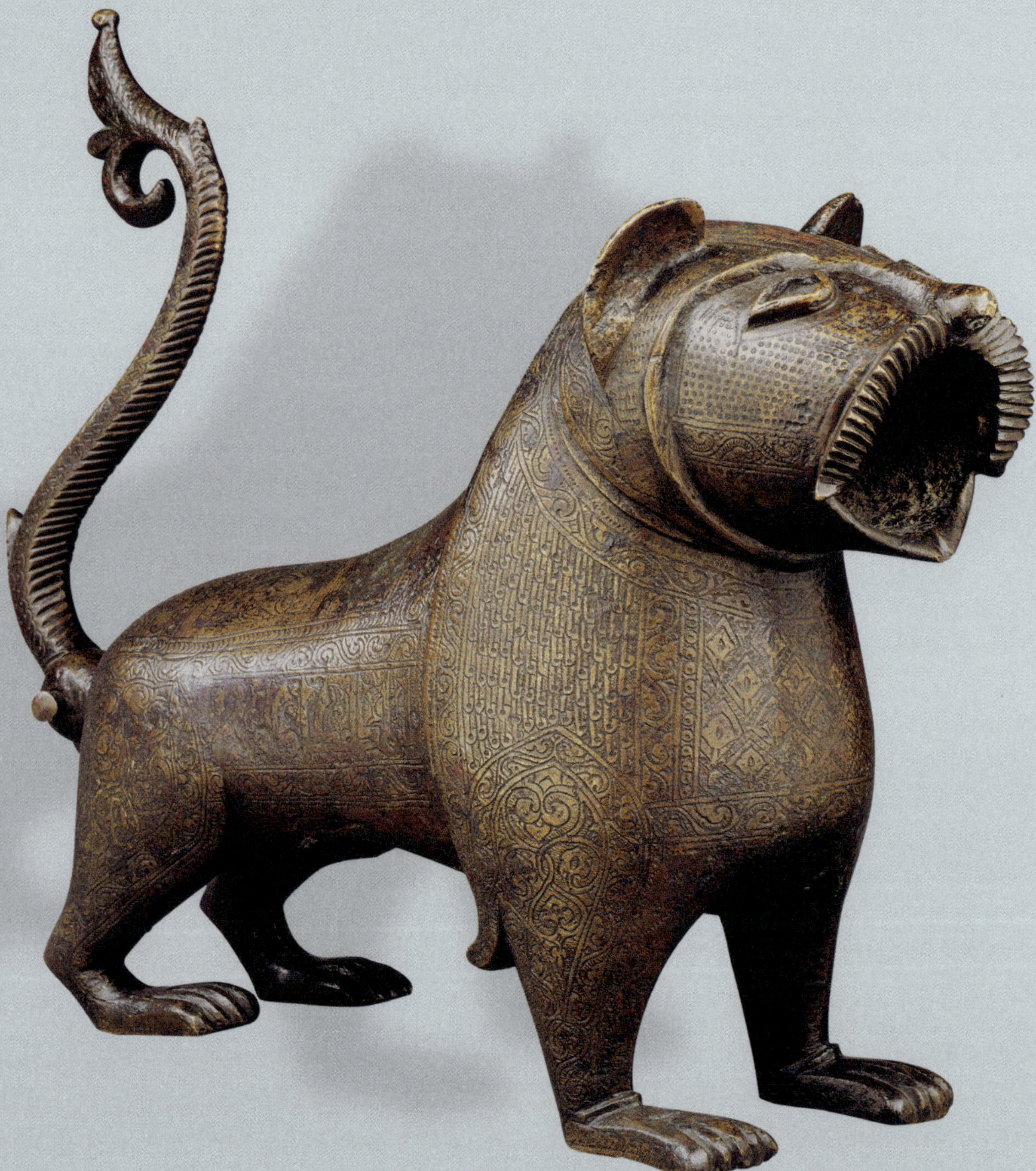

## Ich habe kein großes Maul!

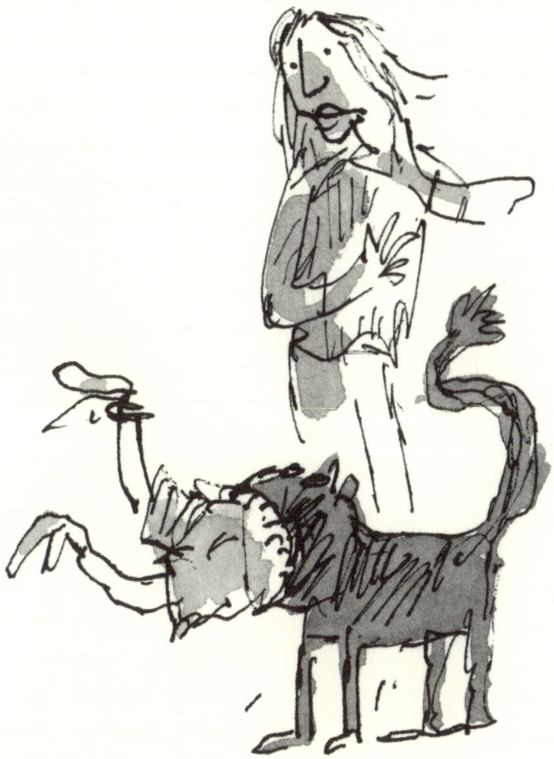

Ehrlich, manche Menschen haben vielleicht Manieren ... Alle zeigen auf mich und lachen! JA, **mein Maul ist groß**. Wie eine Tunnelöffnung, ein gähnender Wal, eine dunkle Höhle und ein schwarzes Loch in den Tiefen des Alls. Okay?! Aber ich sage es ja immer wieder: Das hat einen GRUND.

Ich bin nämlich nicht nur ein alter Löwe, sondern eine **Brunnenfigur**. Genau genommen der Ausgießer, also die Tülle eines Brunnens. Ich kann mich nicht mehr erinnern, aber man vermutet, dass ich einer von zwölf Ausgießern in Form eines Löwen war. Vor 150 Jahren wurde ich in Monzón de Campos in Spanien entdeckt (daher ist Monzón Teil meines Namens), und zwar in den Ruinen einer einst sehr großen Festung. Dann kam ich in die Kunstsammlung eines weltberühmten spanischen Malers namens Mariano Fortuny. Ziemlich glamourös für einen alten Brunnen, oder?

Aber ich bin offenbar auch **nützlich**. Siehst du die große, runde Öffnung an meinem Bauch? Hier wurde die Wasserleitung angeschlossen, damit das Wasser durch meinen Hals aus meinem wunderschönen großen Maul strömen konnte. Überleg mal, wie **beeindruckend** ich ausgesehen haben muss! Ein kompakter, stolzer, glänzender und feststehender Löwe, aus dem fortwährend glitzerndes, klares, kühles Wasser strömt. Kannst du dir das vorstellen?

## Muster und Optimismus

Hast du die Muster auf meinem ganzen Körper gesehen? Schön, nicht wahr? Ich bin sehr stolz darauf. Denn das ist für Metallkunstwerke, die so alt sind wie ich, echt selten. (Du wirst es kaum glauben: Ich bin mindestens 700 Jahre alt.) Und mein **guter Zustand** ist ebenfalls erstaunlich – wenn man so etwas von sich selbst sagen darf.

Islamische Kunstwerke sind, wie ich, häufig mit wunderschönen Mustern versehen, Formen, Blätter, Blumen und Wörter, die ineinanderfließen. Die Wörter, die in Kufi – einer der ältesten Formen der arabischen Schrift – in mich eingraviert sind, wünschen den Menschen »vollständiges Glück« und »vollkommenen Segen«. Können wir das nicht alle gebrauchen?

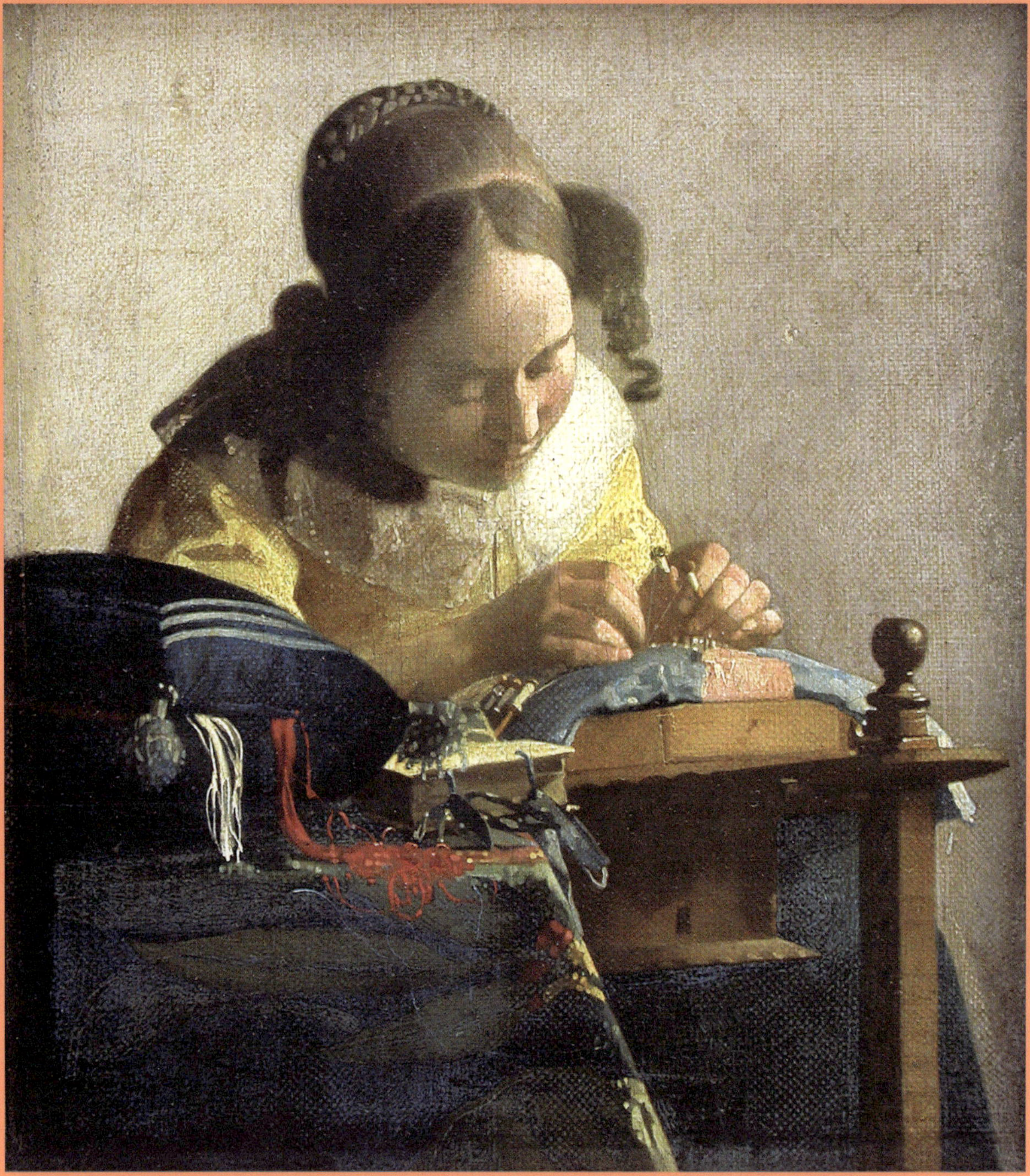

**JAN VERMEER** (1632–1675)

# Die Spitzenklöpplerin

**um 1669–1670** Ölfarbe auf Leinwand

Jan Vermeer war ein niederländischer Maler, der im Goldenen Zeitalter der niederländischen Kunst lebte und arbeitete. Bekannt ist er für die Genauigkeit seiner Bilder und seine wunderschön ins Licht gesetzten, realistischen Alltagsszenen.

## In die Arbeit versunken

Oh, hallo! Bitte entschuldige, dass ich weiter auf meine Arbeit schaue. Wenn die Fäden sich verknoten, ist das so viel Fummelei. Und heute läuft es richtig gut. Ich bin so richtig »**im Flow**«, wie man heute angeblich sagt.

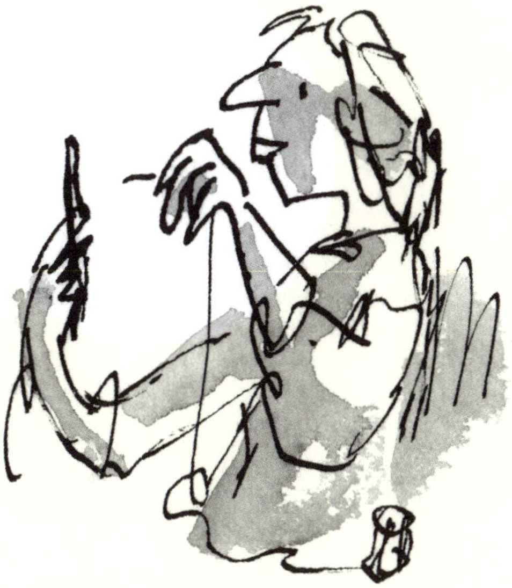

Kennst du das Gefühl, »im Flow« zu sein, wenn du einer kreativen Tätigkeit nachgehst, zum Beispiel beim Malen oder Schreiben? Plötzlich wird alles ganz einfach, und du hast viel mehr Spaß. Es ist nicht unbedingt entspannend, aber es erfüllt dein ganzes Gehirn. Ein gutes Gefühl, oder?

Wenn ich beim Klöppeln einen guten Rhythmus finde (also die Fäden so kreuze und verdrehe, dass ein schönes Muster entsteht), dann habe ich dieses Gefühl. Ich habe dann die **vollständige Kontrolle** und meine Arbeit fließt mühelos. Und genau in diesem Zustand hat mich Vermeer gemalt. Mein ganzer Körper ist auf die Arbeit konzentriert, von meinem geneigten Kopf und meinen vorgebeugten Schultern bis zu meinen Händen, die die gestrafften Fäden halten. Aber ich sehe gar nicht angestrengt oder gestresst aus, oder? Ich bin friedlich in meine Arbeit versunken.

Mein Bild ist zwar nur **ganz klein** (kleiner als ein DIN A4-Blatt) und zeigt auch nicht viel Aktion, aber ich habe VIELE Fans. Warum? Na ja, ich vermute, Vermeer hat mit dieser Momentaufnahme etwas Besonderes geschaffen. Es spielt keine Rolle, wer ich bin oder was in meinem Leben geschehen ist oder wird. Ich vergesse den Rest der Welt und bin nur ein Mensch, der konzentriert arbeitet und versucht, etwas Schönes zu erschaffen.

## Scheinwerfer an – die Klöpplerin!

Siehst du die winzigen, hellen Lichttupfer auf meinem Kragen, meiner Arbeit und den Fäden und Stoffen, die neben mir liegen? Und wo wir gerade von den Fäden reden: Sie sind ganz **verschwommen**, als ob man ein Foto zu nah vor der Nase hält, während meine Hände und mein Gesicht hell und konturiert sind.

Vermeer hat sich viele Gedanken gemacht und eine Menge Arbeit in das Bild gesteckt. Er spielt mit dem Licht. Manche vermuten, er habe mit einer Camera obscura experimentiert, einer frühen Form einer Kamera, mit der sich diese Effekte erzeugen ließen. Hast du das Gefühl, direkt neben mir zu sitzen? Das ist Absicht! Ebenso soll dein Blick zuerst auf meine Hände fallen.

# Kunst und Handwerk

Vermeer war ein Genie, er konnte mit Farbe **genau den Effekt erzielen**, den er sich gewünscht hat. Aber das ist nicht einfach so *passiert*. Man muss hart daran arbeiten, viel lernen und seine Fähigkeiten mit der Zeit perfektionieren. Der »handwerkliche« Teil der Kunst ist nicht so aufregend wie die tollen Ideen, die Inspirationen und der wilde Farbauftrag, aber für Vermeer war er genauso wichtig.

Vermeer war ein Experte im Mal-Handwerk, weil er wusste, wie er FARBE einsetzen musste. Was von anderer Hand gemalt **tödlich langweilig** aussieht, wird bei ihm zum Leben erweckt. Schau mal auf die Wand hinter mir – ziemlich schäbig, oder? Hätte Vermeer sie nicht ein bisschen »poppiger« und hübscher malen können, mit einer schönen, bunten Farbe?

Nein! Denn durch die öde Wand wird dein Auge von nichts abgelenkt und fällt direkt auf das Gelb meines Kleides. Könnte mein Kleid nicht ein bisschen heller sein? Nein! Denn durch das gelbe Kleid entsteht ein strenger Kontrast zu dem tiefblauen Kissen im Vordergrund des Bildes. Kannst du es erkennen?

Ich könnte mir vorstellen, dass Vermeer mich und meine Arbeit mit so viel Respekt gemalt hat, weil er uns als **Kollegen** betrachtete. Während andere meine Spitzenklöppelei als einfaches »Handwerk« abtun, das den Höhen der Kunst nie das Wasser reichen kann, hat Vermeer diesem Handwerk mehr Wert verliehen. Zumindest hoffe ich das.

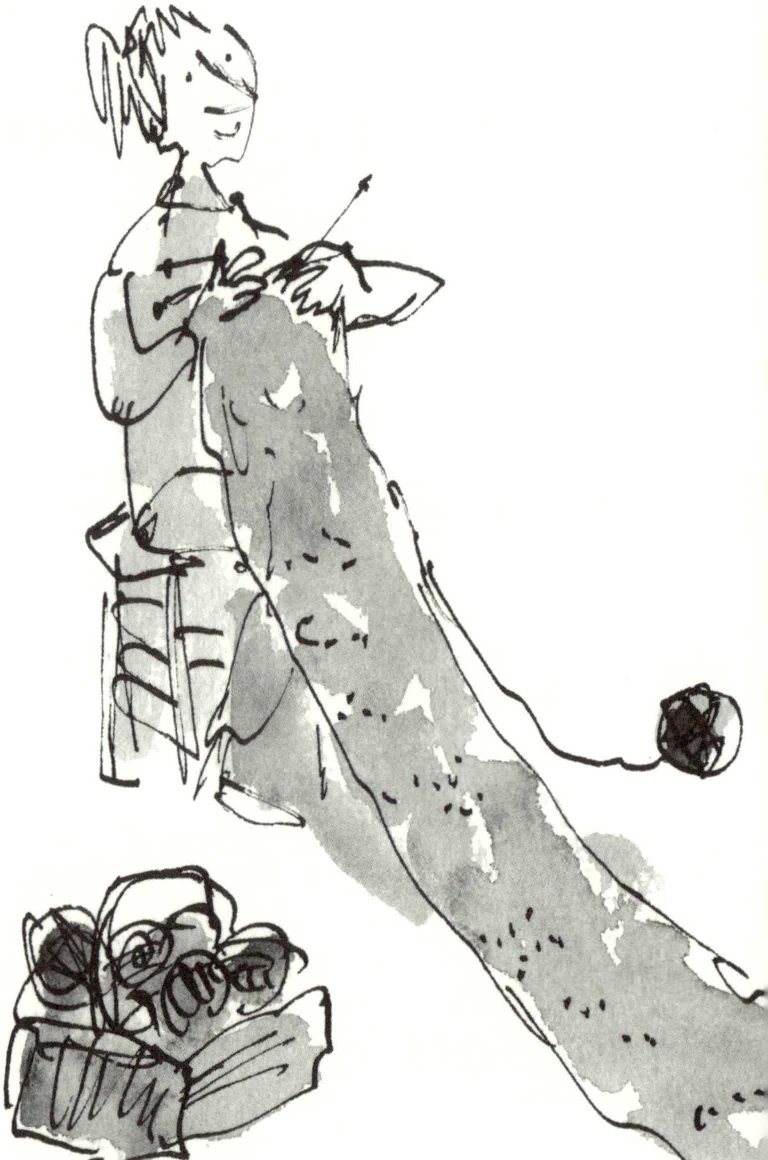

# Bescheiden sein

Manche Bilder sind VOLLGESTOPFT mit Symbolen und Hintergründen, die uns alles Mögliche über die Figuren erzählen. Nicht bei mir! Was erfährst du über mich in meinem Bild?

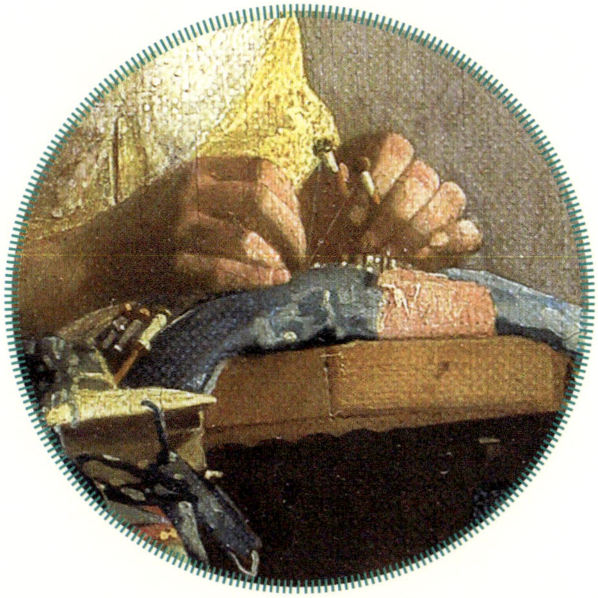

Ich mache Spitzen – das sieht man. Meine Kleidung und meine Frisur sind adrett und bescheiden; vor mir liegt wahrscheinlich eine Bibel oder ein Gebetbuch. Alle diese Dinge demonstrieren, dass ich eine »nette junge Dame« bin, und die Spitzenklöppelei war eine sehr angemessene Tätigkeit für niederländische Damen. Damit weißt du, dass ich **keine Rebellin** bin (und wenn doch, dann nur im Geheimen).

Und du wirst bestimmt die Augen darüber verdrehen, dass Vermeer mich als nette, bescheidene, junge Dame preist, die tut, was man von ihr erwartet. Aber er zeigt eben auch **Respekt** vor meiner Arbeit, obwohl es eine traditionelle »weibliche« Kunst ist. Er stellt mich und meine Kreativität in den Mittelpunkt. Es ist nicht immer alles 100 % gut oder schlecht, richtig?

# In der Kunst zu Hause

Wusstest du, dass Vermeers Vater, Reynier, ein Leben lang Stoffe hergestellt hat? Keine Spitze, sondern ein Gewebe namens Caffa, eine Mischung aus Seide und Baumwolle oder Wolle. Wahrscheinlich hat Vermeer seinem Vater häufig bei der Arbeit zugesehen. Später wurde Reynier Kunsthändler – Kunst und Handwerk waren in Vermeers Leben also immer miteinander **verwoben** (dieses Wortspiel musste jetzt sein).

Gibt es auch für dich vertraute Gegenstände oder Alltagssituationen, die so schön sind, dass du sie immer anschauen möchtest?

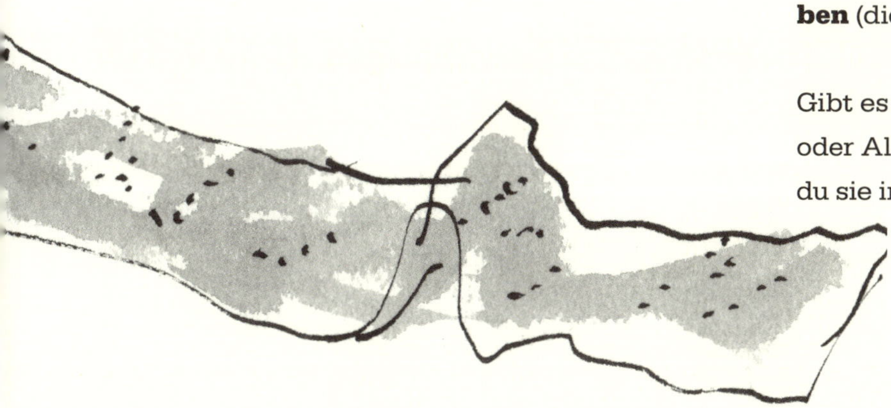

# Ehegatten-Sarkophag

**um 520–510 v. Chr.** Terrakotta, bemalt
Fundort: Cerveteri, Italien

Die Etrusker lebten im heutigen Mittelitalien. Sie schufen ganz besondere Kunstwerke und ließen sich häufig von der griechischen Kunst beeinflussen. Cerveteri war ein wichtiger Ort, an dem viele archäologischen Funde entdeckt wurden, so auch Sarkophage (oder Särge) wie dieser.

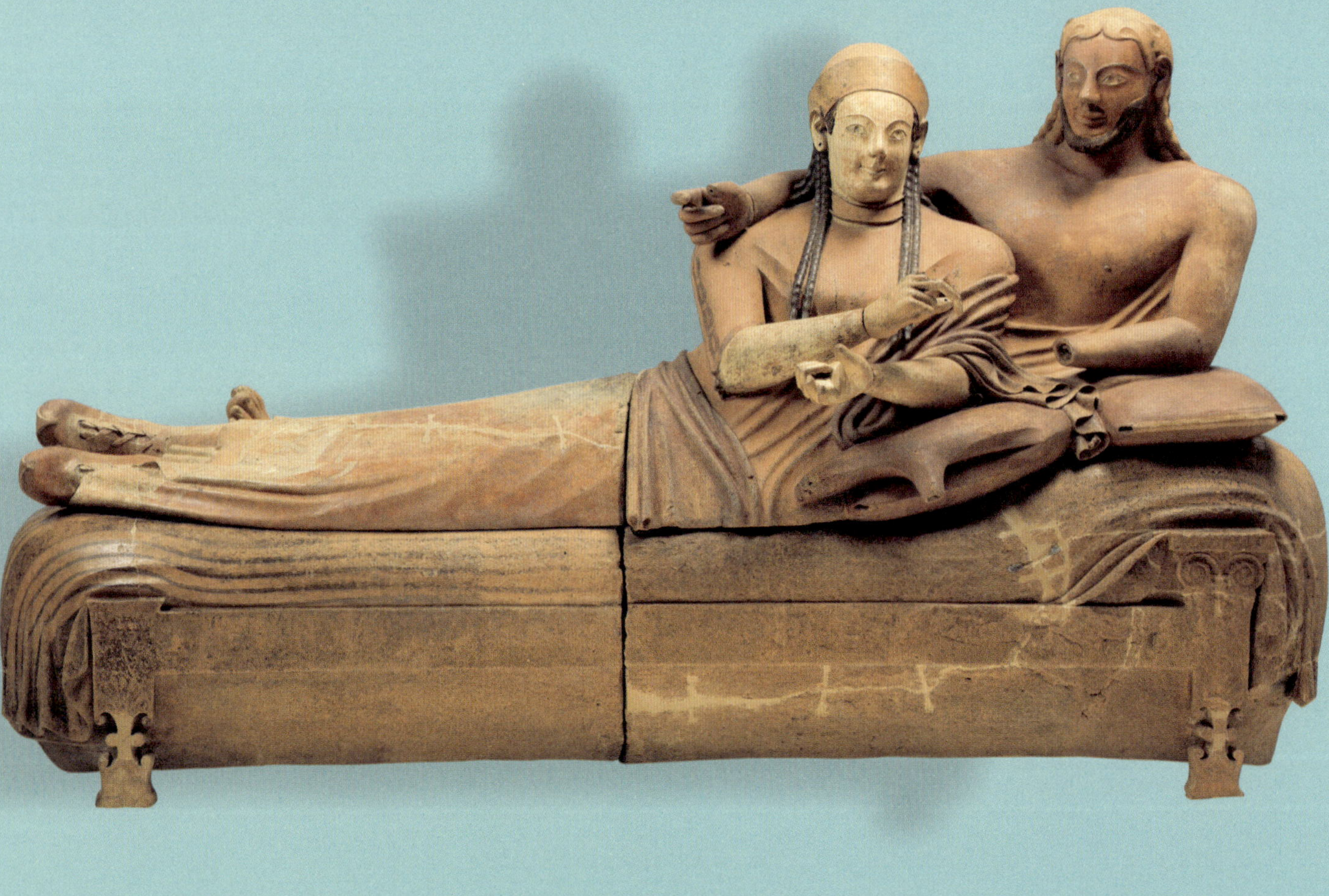

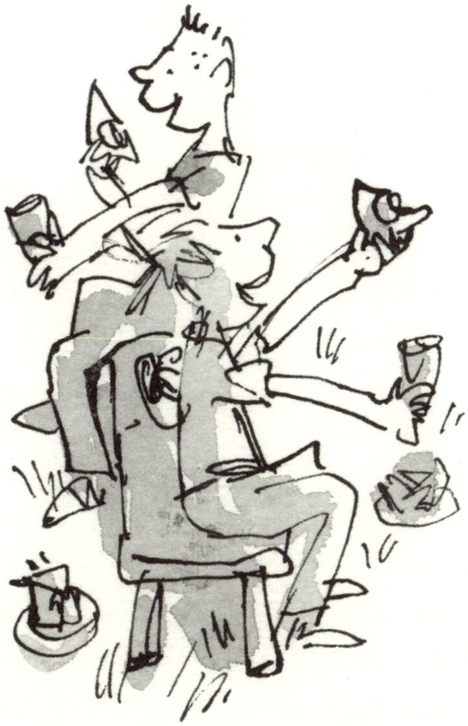

## Ein sentimentales Ehepaar

»Was für ein Blödsinn, dass die liebliche Mona Lisa so im Rampenlicht steht! Wir sind glücklich mit unserem Platz, nicht wahr Liebling? Bequemes Bett, flaumige Kissen und **auf ewig im Arm eines geliebten Menschen**. Was könnten wir uns noch wünschen?«

*»Das ist wahr, mein Liebster. Wir sind dankbar, dass unsere Familien und die Künstler uns ein wunderbares gemeinsames Leben im Jenseits ermöglicht haben. Denn unser Volk – die Etrusker aus dem heutigen Italien – war davon überzeugt, dass das* ***Leben nicht mit dem Tod endet****. Die Asche unserer Körper wird sicher in diesem Sarkophag (dem Bett) aufbewahrt. Unser Geist lebt in den Porträts weiter.«*

## Damen beim Lunch

»Weißt du, was noch besser ist als ein bequemes, weiches Bett? Ein **üppiges, köstliches Mahl,** eingenommen in einem solchen Bett!«

*»Wow, da bin ich dabei! Scherz beiseite. So, wie wir hier liegen, haben aristokratische (reiche und extravagante) Etrusker gewöhnlich ihr Abendessen bei großen Banketten eingenommen. Und das BESTE ist: Ich war als Gast* ***genauso wichtig*** *wie mein lieber Ehemann.«*

»Wir haben nämlich gehört, dass viele Kulturen im Laufe der Zeit die SEHR KOMISCHE Idee entwickelt haben, dass Frauen nicht so gut oder wichtig sein könnten wie Männer. Aber meine wundervolle Frau und ich waren **gleichberechtigt** – im Leben wie auch jetzt im Jenseits.«

*»Ach, uns fehlt eigentlich nur eine große Platte mit Kuchen, wie bei einem dieser großen Bankette ...«*

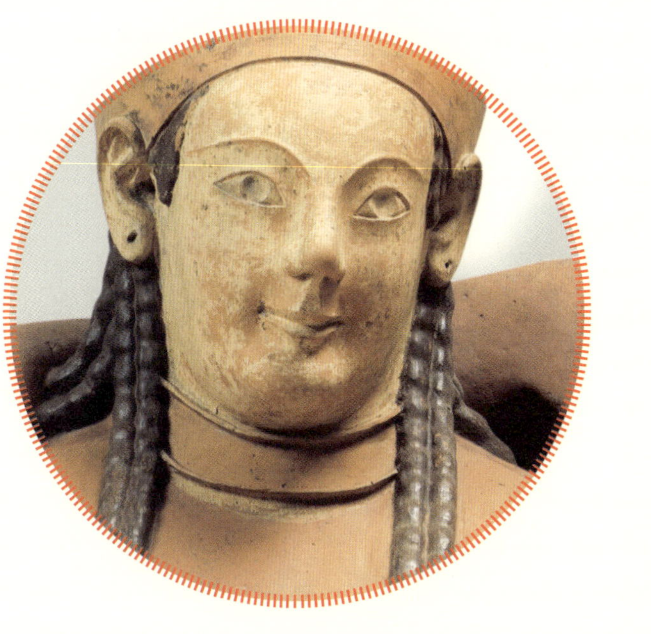

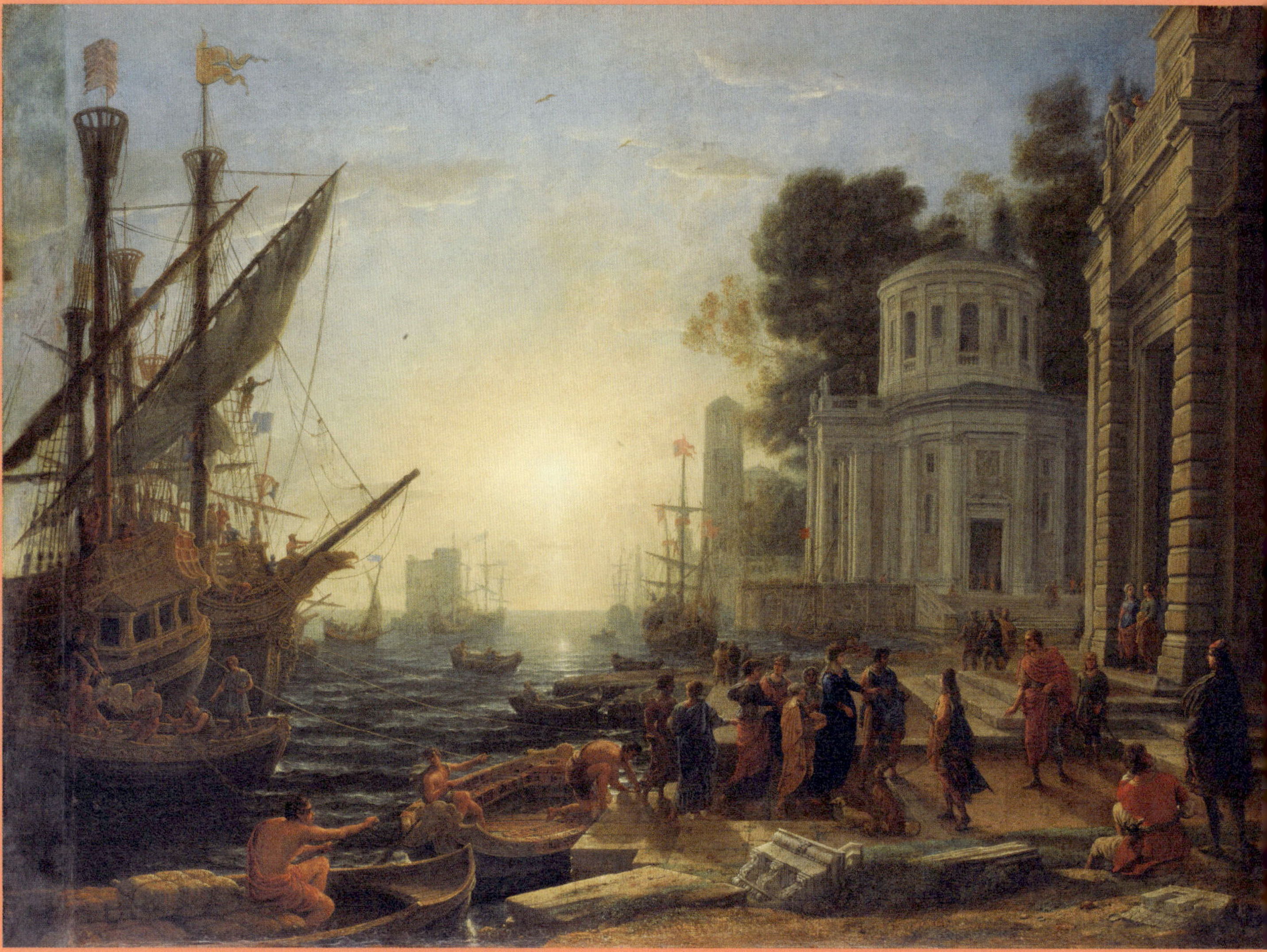

**CLAUDE LORRAIN (ODER GELLÉE)** (UM 1602–1682)

# Die Ausschiffung der Kleopatra bei Tarsus

**um 1642–1643** Ölfarbe auf Leinwand

Claude Gellée – auch Claude Lorrain genannt, da er aus der Provinz Lothringen (Lorraine) stammte – war ein französischer Maler des 17. Jahrhunderts. Bekannt ist er für seine Landschaftsmalerei mit Szenen aus der Geschichte oder Mythologie.

## Ich bin hier der Star!

Was für eine Gemeinheit! **Das sollte MEIN Bild sein**, es trägt MEINEN Namen und schau doch mal genau hin! Kannst du raten, welche der ameisengroßen Personen ich bin? Ich bin die Königin des alten Ägyptens – verdammt nochmal! Ich bin eine Legende, eine Ikone, William SHAKESPEARE hat ein Theaterstück über mich geschrieben. Und hier stiehlt mir dieser bescheuerte Himmel die Show!

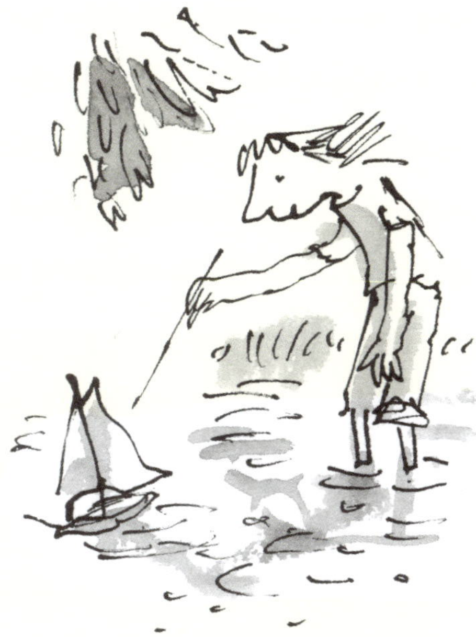

Ja klar, es ist ein schöner Himmel. Der kleine Maler, Claude irgendwie, konnte ziemlich gut Himmel malen. Und Wasser und Sonne. ALLES drehte sich bei ihm darum. Claude hat immer die Natur zum Thema gemacht, alles andere wurde in den Hintergrund geschoben. **Ziemlich rebellisch** für seine Zeit, habe ich gehört.

Die Sonne ist der einzige Lichtpunkt auf dem Bild, siehst du das? Und alles verschwimmt in dieser ruhigen Abendstimmung mit ihrem weichen, gelben Licht und den langen Schatten. (In diesem trüben Halblicht werde ich von den Schatten so UNHÖFLICH verdrängt.) Das erinnert mich daran, dass wir alle einfach in der Natur leben. Wir leben unser kleines Leben neben dem großen Meer und unter dem weiten Himmel. Dabei sind wir von der riesigen, strahlenden Sonne jenseits unserer Welt abhängig.

Schöne Vorstellung, oder? Aber immer noch keine Entschuldigung dafür, **mich aus dem Rampenlicht zu drängen** – eine BELEIDIGUNG. Wie soll ich so viele Menschen anziehen wie die Mona Lisa, wenn man noch nicht einmal mein Gesicht sieht?

## Rom und Realität

Kneif doch mal die Augen zusammen oder nimm eine Lupe. Kannst du mich auf dem Bild finden? Ziemlich kniffelige Aufgabe, aber hier ist eine SEHR wichtige Geschichte dargestellt. Ich komme gerade in Taurus an, einem Ort im Römischen Reich, und treffe meinen zukünftigen Mann, Marcus Antonius. Unsere Hochzeit war ein **Meilenstein in der Geschichte**, denn sie vereinte das alte Rom und das alte Ägypten! Wir hatten richtig viel Macht ...

Doch Tarsus sah nicht genauso wie auf dem Bild aus. Dieser Claude liebte es, alte Geschichten und Gebäude in seine Bilder aufzunehmen und sie mit Szenen aus seiner Gegenwart zu vermischen. Und die gesamte Landschaft hat so einen poetischen, dramatischen Touch bekommen.

**GIUSEPPE ARCIMBOLDO** (1527–1593)

# Sommer

**1573** Ölfarbe auf Leinwand

Giuseppe Arcimboldo war ein italienischer Maler. Er lebte und arbeitete in der Epoche der Renaissance und ist bekannt für seine aus Früchten, Gemüse und anderen Objekten zusammengesetzten Porträts.

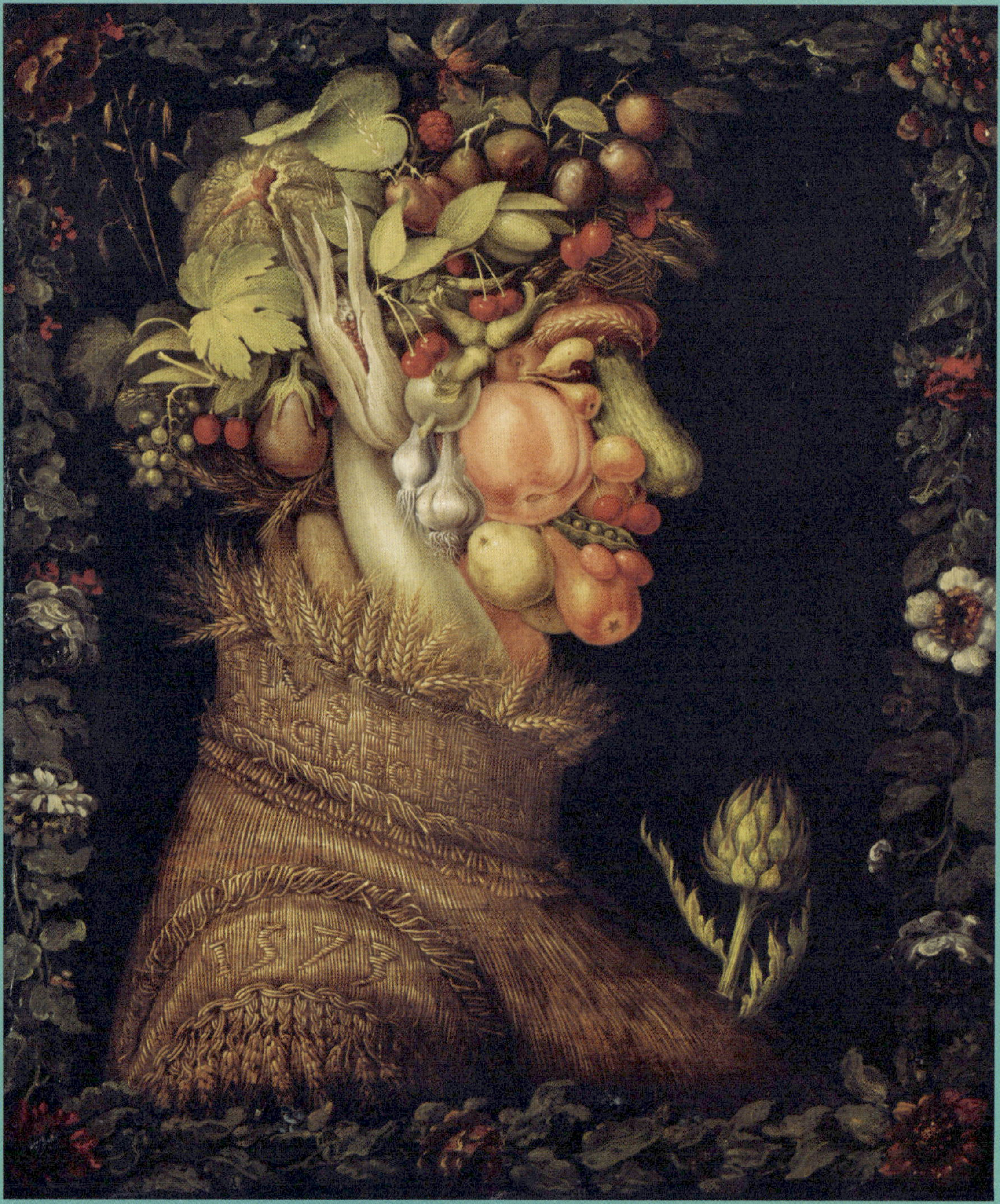

## Obstgesicht

Ein Hauch von Gurke gefällig? Oder ein bisschen Kirsche? Sehr hübsch. Vielleicht noch ein wenig Erbsen- oder Birnenduft? Köstlich. **Oh, warte, ich rieche mich wieder selbst!** Ich weiß, dass ich ein bisschen seltsam aussehe, aber ich fühle mich herrlich an und dufte köstlich. Mit meinem reifen, farbenfrohen und wunderschön vielseitigen Glanz bin ich das PRALLE Leben.

Wie viele unterschiedliche Obst- und Gemüsesorten zählst du in meinem Gesicht? Versuche es mal, es macht Spaß! Du kannst einen kleinen Wettbewerb mit einem Freund, einer Freundin oder einem Familienmitglied daraus machen. Vergiss nicht meine Pfirsichwangen, meine Auberginenöhrchen und meine PRÄCHTIGE Artischockenbrosche.

Wenn du Spaß daran hast, schau dir auch die anderen Bilder dieses Malers an: *Frühling, Herbst* und *Winter*. Arcimboldo hat diese Gesichter je nach Jahreszeit aus allen möglichen Sorten von Naturprodukten zusammengesetzt. Wir passen perfekt zusammen, genauso wie die Jahreszeiten – und die Lebensphasen.

Denn: Auch der Mensch ist ein **Teil der Natur** ... auch wenn dich moderne Städte, schnelle Autos und glänzende, in Plastikfolie eingewickelte Dinge vom Gegenteil überzeugen wollen. Der Mensch wächst und erblüht, altert und kehrt zur Erde zurück, genauso wie alles andere Lebendige. Ich glaube, daran wollte Arcimboldo uns Menschen erinnern. Was meinst du?

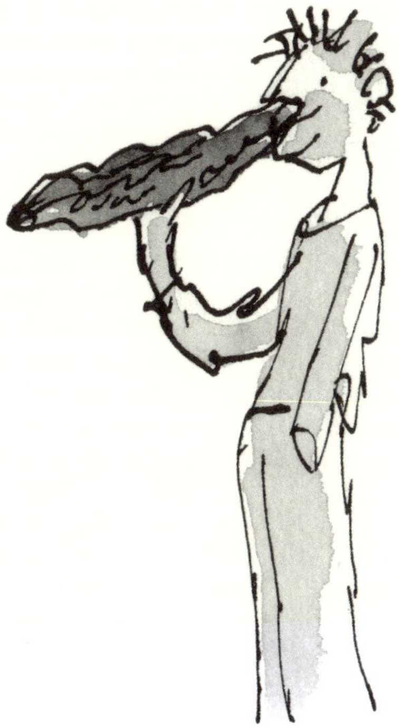

## Massenproduktion

Jetzt verrate ich dir ein Geheimnis ... Ich bin eine Kopie! Aber keine Fälschung. Ich stelle mir vor, dass ich viele Zwillinge habe. Arcimboldo war kein armer, unterschätzter Künstler, dessen Arbeit sich nicht gut verkaufte. Im Gegenteil! Er war ein **SMASH HIT**! Nachdem Arcimboldo 1563 sein Bild *Sommer* fertiggestellt hatte, wollten die Leute immer mehr davon. Ich bin zehn Jahre später entstanden.

Schau mal: Im Gewebe meiner Weizenjacke steht »Giuseppe Arcimboldo« (am Kragen) und »1573« (auf der Schulter). Aber ich bin keine exakte Kopie, denn er hat **Kleinigkeiten verändert**. Siehst du den Blumenrahmen um mich herum? Den gab es auf dem ursprünglichen Bild *Sommer* gar nicht!

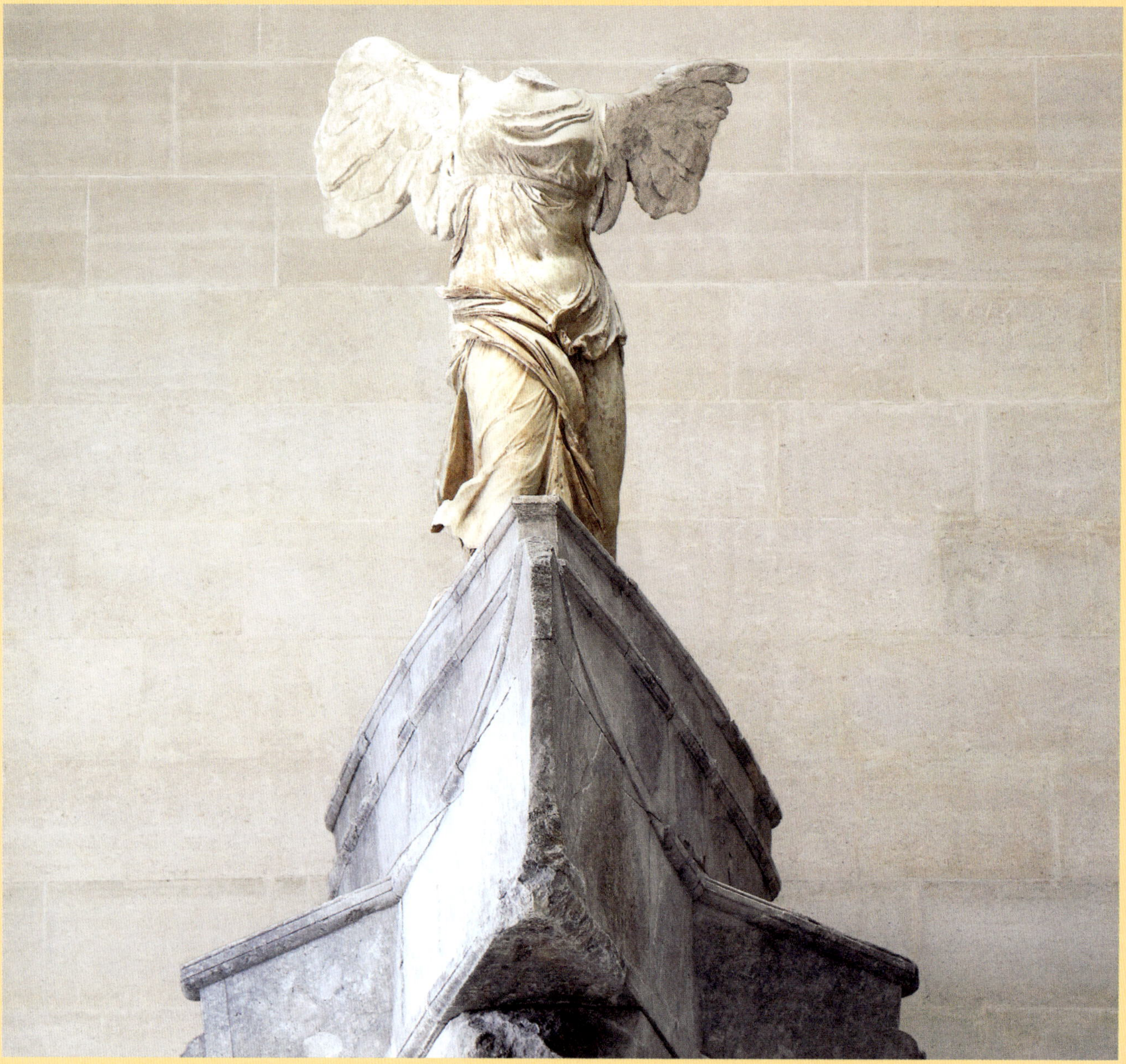

# Nike von Samothrake

**um 220–185 v. Chr.** Marmor
Fundort: Samothrake, Griechenland

Diese über drei Meter hohe Statue wurde Anfang des 2. Jahrhunderts v. Chr. angefertigt. Der Bildhauer war in Griechenland wahrscheinlich berühmt, aber sein Name ist unbekannt. Die Skulptur ist eine der wenigen griechischen Statuen, die bis heute erhalten sind. Sie ist so bekannt geworden, weil römische Bildhauer sie so häufig nachgemacht haben.

# Restaurierte Göttin

Hallo, ihr kleinen und unbedeutenden Menschen. Ich bin Nike, die **Göttin des SIEGES**! Erzittert und kniet vor mir nieder! Allerdings … ohne Kopf kann ich gar nicht sehen, ob ihr das wirklich tut.

Aber ich froh, dass alles andere von mir wieder ganz ist – ich war nämlich in **110 Teile** zerbrochen! Wahrscheinlich bin ich bei einem Erdbeben oder einem ähnlichen Ereignis auseinandergebrochen. Ziemlich unverschämt! Aber ich wurde vor etwa 160 Jahren wiedergefunden und sorgsam restauriert – in meiner ganzen göttlichen Herrlichkeit.

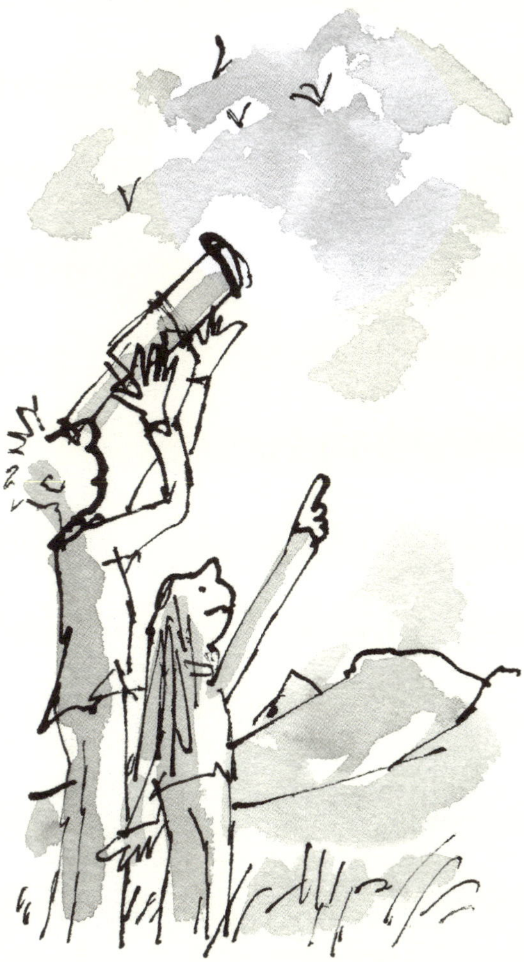

# Wind unter meinen Flügeln

Ich fühle mich heute richtig stark, voller Leben und Bewegung, genauso wie zu der Zeit, als ich angefertigt wurde – vor über 2.000 Jahren. Und man hat mir versichert, dass ich auch **ohne Kopf und Arme** so beeindruckend aussehe wie ehemals. Davon bin ich überzeugt.

Schon mal vorab: Ich bin gigantisch, eine der größten antiken griechischen Statuen, die man je gefunden hat! Am Bug meines Marmorschiffes stehend (für alle Nicht-Segler: der spitze Teil vorn) überrage ich selbst den größten Menschen, den eure kümmerliche Menschenwelt zu bieten hat.

Und SCHAU dir mal diese Flügel an! Vom Wind zurückgeschoben, Muskeln und Federn gestrafft, um mich durch den Himmel schweben zu lassen. Zwar bin ich in harten, unbeweglichen Marmor gehauen, aber siehst du, wie mein Kleid im Wind Falten und Wellen schlägt? Manchmal spüre ich den Wind auf meiner Haut, höre das Meer rauschen und rieche und schmecke die Salzluft.

Als ich geschaffen wurde, stand ich auf einem Hügel der sonnigen griechischen Insel Samothrake mit Blick auf den glitzernden Ozean. Ich war **ein Geschenk an die Götter**. Mit mir wollte man ihnen für einen erfolgreichen Kampf auf dem Meer danken. Daher wurde ich an einer Stelle platziert, an der mich alle Seeleute vom Meer aus sehen konnten. Schließe deine Augen. Kannst du dir vorstellen, wie ich dort stehe?

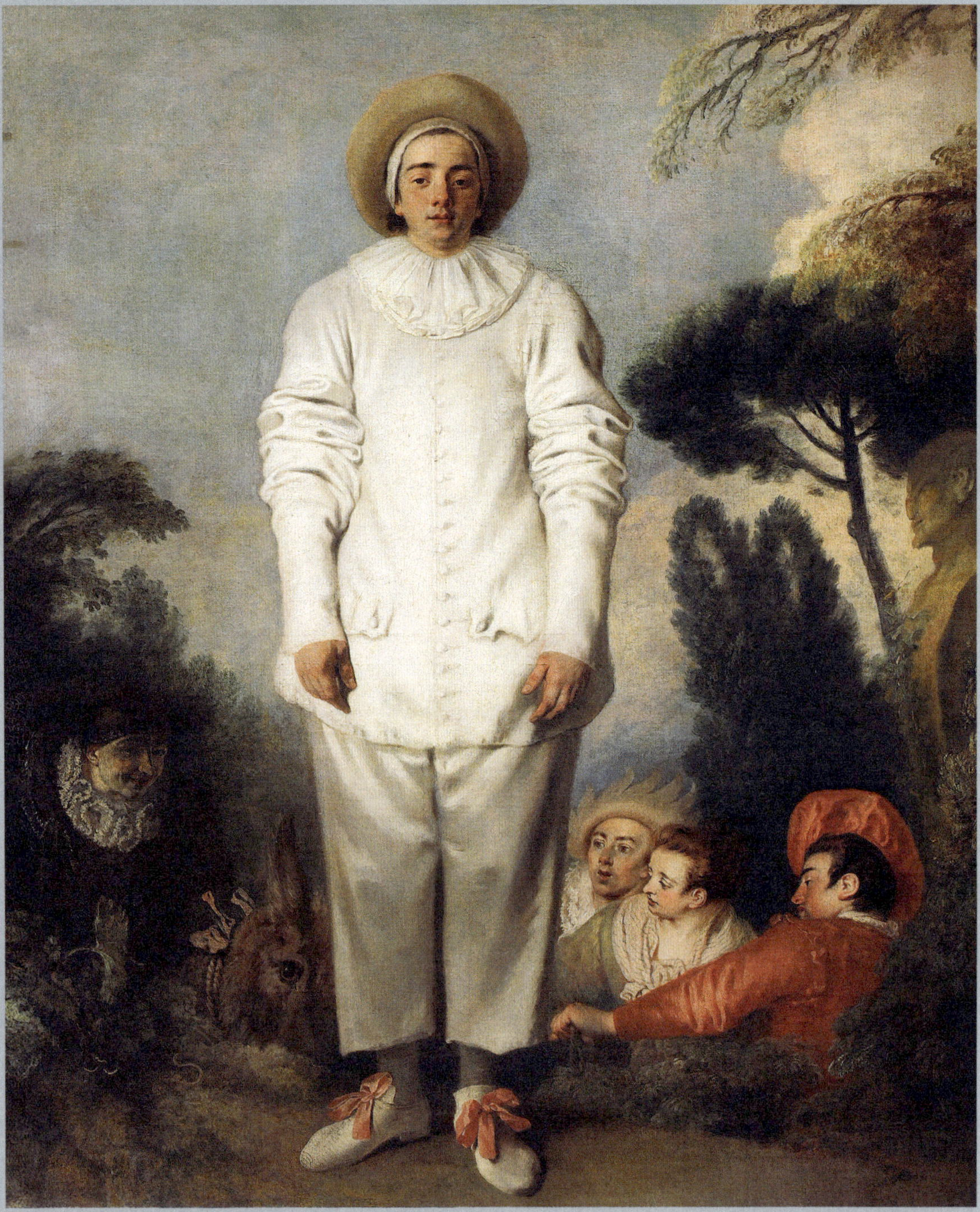

**JEAN-ANTOINE WATTEAU** (1684–1721)

# Gilles

**um 1718–1719** Ölfarbe auf Leinwand

Jean-Antoine Watteau war ein französischer Maler und Bauzeichner. Als Meister des hellen und eleganten Rokoko-Stils arbeitete er auch häufig im Auftrag des italienischen Komödientheaters, Balletts und Theaters.

## Das sagt der traurige Clown

»Oh, hallo. Lachst du auch über mich? Mach nur weiter, ich halte das schon aus. Was fällt dir als Erstes auf? Meine Hochwasserhosen? Mein dämlicher, verträumter Blick? Die große Halskrause? Ich sehe ganz schön seltsam aus in diesem **schlampigen Outfit**. Aber es ist mein Schicksal, lächerlich zu sein.

Ich bin schließlich ein Pierrot oder Pedrolino, wie mein ursprünglich italienischer Name lautet, und ich wurde buchstäblich als **Zielscheibe für Witze** und Streiche und für den Typ geschaffen, der immer verliebt ist, aber nie geliebt hat. Ach ... ich bin eine Figur aus der Commedia dell'Arte, einem Theater, das etwa vor 300 Jahren in Italien, woher ich komme, und in Frankreich, woher mein Maler stammt, modern war.

Siehst du die Menschen hinter mir? Auch sie sind Figuren der Commedia dell'Arte. Sie necken und ärgern mich immer. Wahrscheinlich lästern sie gerade auch hinter meinem Rücken über mich.«

*»Okay, jetzt ist genug mit dem Selbstmitleid, Pierrot.«*

»Wer spricht da? Diese Stimme kenne ich nicht!«

*»Ich bin's, der Esel an deinem Fuß. Ja, ich kann sprechen. Dies ist ein Bild, da laufen die Dinge anders ... Der wütende Doktor links reitet immer noch auf mir. Der rot bekleidete Kapitän rechts prahlt immer noch, obwohl wir alle wissen, dass er ein Feigling ist. Und die beiden Verliebten in der Mitte sind SUPER langweilig und nervig. Alles typische Figuren aus der Commedia dell'Arte. Aber hier* ***bist du der STAR****!«*

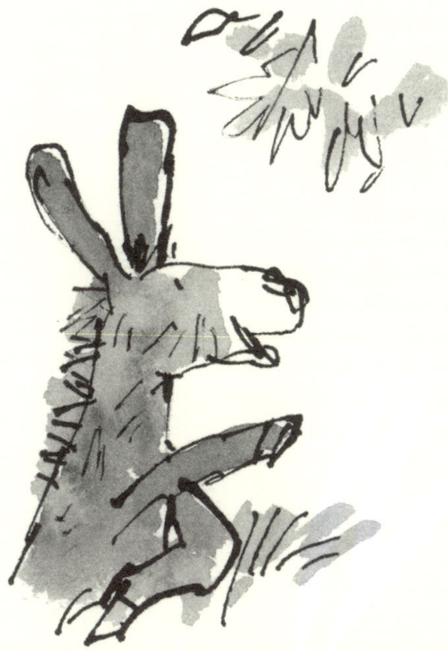

## Das sagt der Esel

*»So, Pierrot, hör mir mal zu. Die Menschen in Frankreich mochten DICH viel mehr als die anderen Charaktere. Deshalb hat Watteau dich in die* ***Mitte*** *gestellt. Es ist DEIN Bild, DEIN Auftritt. Schau dir doch mal den Seidenglanz deines weißen Outfits an, die weichen und üppigen Falten. Watteau musste richtig viele Schattierungen malen, um genau diesen Effekt zu erzielen. Wusstest du auch, dass deine aufrechte Haltung in voller Größe, mit der Watteau dich hier darstellt, traditionell nur Königen und SEHR WICHTIGEN Menschen vorbehalten war? Ich bin mir sicher, dass er in dir einen* ***Helden*** *gesehen hat. Die anderen Charaktere der Commedia dell'Arte lachen über deine Ehrlichkeit, Unschuld und Hoffnung, aber genau* ***das macht dich zu etwas Besonderem****. Deshalb mögen die Menschen DICH am meisten.«*

**JACQUES-LOUIS DAVID** (1748–1825)

# Die Krönung in Notre Dame

**1806–1807** Ölfarbe auf Leinwand

Jacques-Louis David war ein französischer Künstler. Er arbeitete im neoklassischen Stil und war bekannt für seine Bilder antiker, historischer und zeitgenössischer Szenen. Außerdem war er der Lieblingsmaler Napoleons.

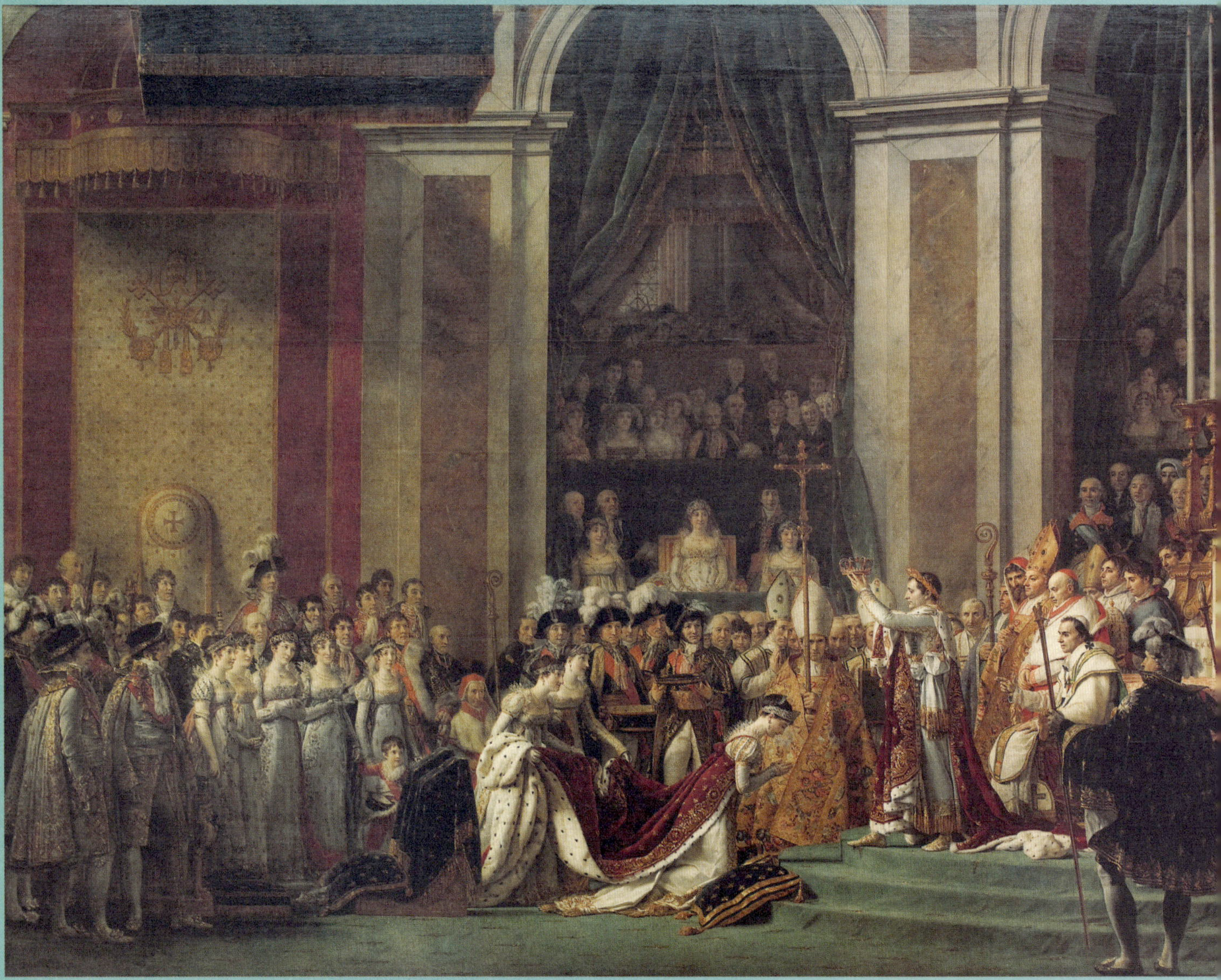

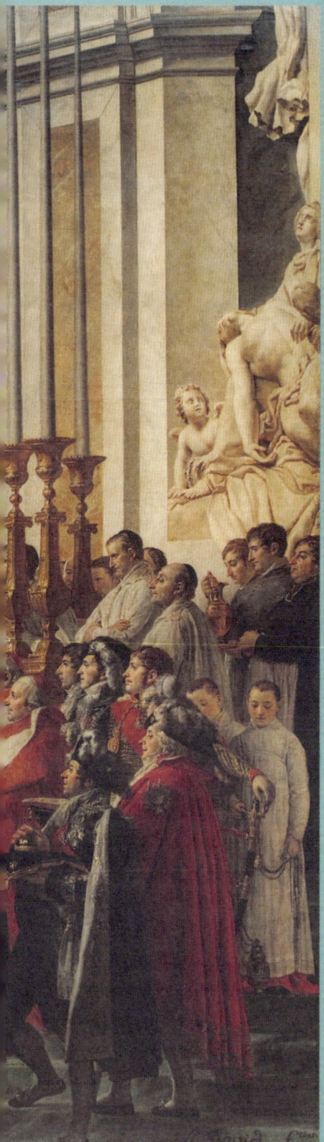

# Bild für einen Kaiser

»Ich bin GROSSARTIG, nicht wahr? Hast du ÜBERHAUPT schon einmal so einen Mann, **so ein Schauspiel**, so eine Menge von reichen, mächtigen, perfekt gekleideten Menschen gesehen? Natürlich nicht! (Vor allem nicht auf diesem öden, kleinen Mona-Lisa-Bild.) Denn ich bin Napoleon, der größte Herrscher Frankreichs, und ich akzeptiere NUR die Besten. Daher habe ich den guten alten Jacques erwählt, diesen bahnbrechenden Moment meiner Krönung im Bild festzuhalten.

Was sagst du? Du weißt nicht genau, wo ich bin? Unglaublich! Ja, ich gebe zu, auf dem Bild sind viele Leute – genau 191 – aber ich bin viel zu beschäftigt, um sie zu zählen. Und das Gemälde selbst ist schon überwältigend, es ist nämlich RIESENGROSS.

Schau es dir mal in Ruhe an und überlege, ob es einen Punkt gibt, auf den dein Auge sofort fällt. Vielleicht auf den unteren Teil der mittleren Säule, rechts von dem goldenen Stabkreuz? Richtig, denn **das ist mein ruhmreiches Gesicht**! In Licht gebadet, eine goldene Krone auf meinem Kopf und eine weitere in meinen emporgehaltenen Händen, denn ich kröne meine Frau zur Kaiserin.

Jacques ist es richtig gut gelungen, **die Augen des Betrachters genau dorthin zu lenken**, wo sie hinschauen sollen – auf mich! Natürlich schauen mich alle Menschen auf dem Bild an. Aber erkennst du, wie der Maler die Ecken dunkler gemalt hat, damit ich im Licht stehe? Auch diagonale Linien wie der Schatten oben links weisen direkt auf mich. Clever! Findest du andere Linien mit dem gleichen Effekt?

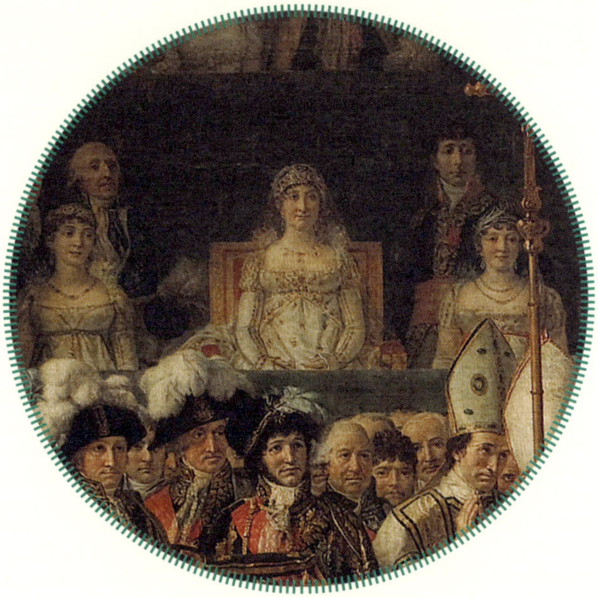

## Das sagt der Künstler

»Hast du gehört, wie mich Napoleons Mutter genannt hat? Einen Schleimer! Und das bei allem, was ich für ihren Sohn getan habe ... Ich habe ihn in meinen Bildern zu einem **modernen Helden** gemacht, einem mächtigen Kaiser im Stil der antiken griechischen und römischer Herrscher, die er so bewunderte.

Also zumindest Napoleon schätzt meine Arbeit – ich war sein offizieller Hofmaler. Ich war sogar so frei, mich selbst in diesem Bild zu verewigen, über Napoleons Mutter als Zweiter von links. Siehst du mich? Genau, der mürrische Typ ...

Außerdem habe ich jemanden eingeschmuggelt, der wie der römische Kaiser Julius Cäsar aussieht und Napoleon mit Wohlwollen anschaut. Ich bedauere das nicht! Ich habe an die französische Republik unter Napoleons Herrschaft **wirklich geglaubt**. Mir gefiel die Idee, dass das Volk sich seinen Herrscher selbst aussucht und sich nicht mit Königen und Königinnen herumschlagen muss. Und ich wollte Helden in meiner Kunst haben, genauso wie Napoleon ein Held sein wollte!«

## Böser Junge!

*»Jetzt REICHT es, Napoleon. Lass uns mal über etwas anderes reden. Deine MUTTER zum Beispiel?*

*Kannst du glauben, dass mein Sohn den Künstler aufgefordert hat, mich in dieser Szene zu malen, obwohl ich mich BEWUSST entschieden habe, nicht an der echten Krönung teilzunehmen? Ich sitze auf einem großen Stuhl in der unteren Reihe zwischen den beiden Säulen, links vom goldenen Stabkreuz.*

*Ich habe Napoleon gewarnt: ›Wenn du nicht netter zu deinem Bruder Lucien bist und ihm eine Rolle in deinem Kaiserreich zukommen lässt, komme ich nicht zu deiner Krönung.‹ Das war keine leere Drohung! Leider konnte er diesen Schleimer von Maler bezahlen, um* ***sein Ego zu befriedigen*** *... Aber ich muss zugeben, dass ein Platz in erster Reihe bei diesem großen Moment schon ziemlich nett ist. Und schließlich ist er mein Sohn.«*

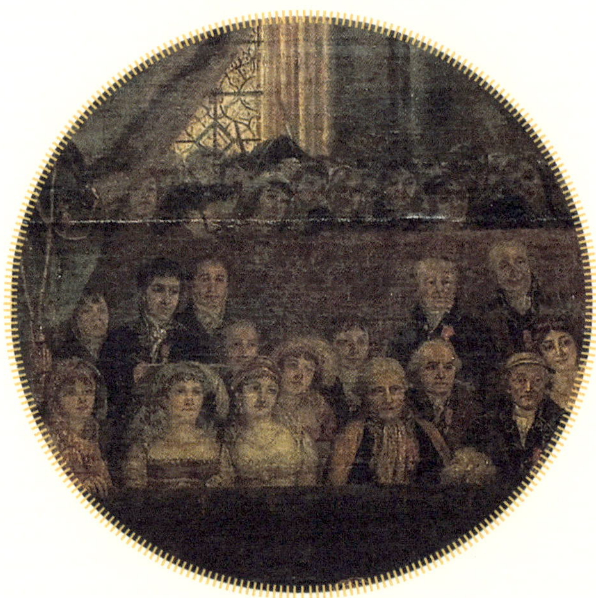

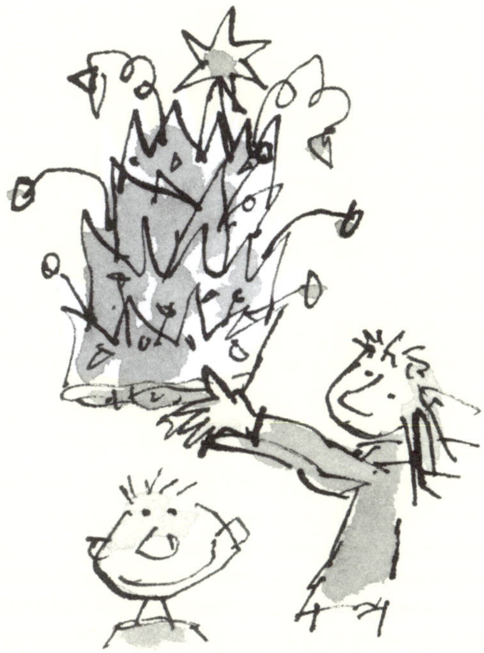

## Ein Herrscher auf Zeitreise

*»Oh, wo bin ich? Warum sind alle so komisch gekleidet? Warum trägt niemand eine Toga? Das sieht hier gar nicht wie im alten Rom aus! Ich bin Julius Cäsar und ich VERLANGE, dass man mir sagt, was hier los ist ...*

*Ah, warte, ich erinnere mich. Sorry, manchmal brauche ich einen Moment. Und jetzt bin ich wirklich WÜTEND! Dieser Emporkömmling Napoleon, der 2.000 Jahre nach mir gelebt hat, schubst mich in sein Gemälde (ich stehe direkt hinter ihm, links von dem langen Stab mit der Schnecke an der Spitze), damit er selbst* ***wichtiger aussieht****!*

*Offenbar sah Napoleon sich als einen Anführer, wie ich und mein Nachfolger, Kaiser Augustus, es im alten Rom waren. Stark, ambitioniert, der Machtfülle würdig. Ganz schön selbstbewusst war er.«*

## Das war MEIN Job!

»Hmm, interessant. Der Maler hat Napoleon bei der Krönung seiner Frau dargestellt und nicht den Moment, als er selbst Kaiser wurde. Denn WÄRE er seiner ersten Idee nachgegangen, hättest du gesehen, wie Napoleon sich die Krone von MIR, dem Papst, nimmt und sich SELBST krönt!

Stell dir vor! Es hat schon eine Weile gedauert, bis ich das verdaut hatte. Als religiöser Anführer (ich bin Anführer der Katholiken) ist man daran gewöhnt, dass die Leute den Traditionen und Vorschriften deiner Religion folgen.

Na ja, zumindest hatte ich in den letzten 200 Jahren einen sehr komfortablen Sessel ... Ich bin der auf dem Thron vorn, der Mann, der die Hand zum Segen hebt. Auf jeden Fall habe ich nie davon geträumt, Napoleon mit meinem großen Metallstab ein Bein zu stellen ...«

# Statuette des Ebih-Il

**um 2400 v. Chr.** Alabaster mit Lapislazuli, Muschelschalen und Bitumen

Diese Statue wurde im 3. Jahrtausend v. Chr. angefertigt und in der Stadt Mari am Ufer des Flusses Euphrat im heutigen Syrien gefunden. Sie stammt aus der Zeit der Sumerer.

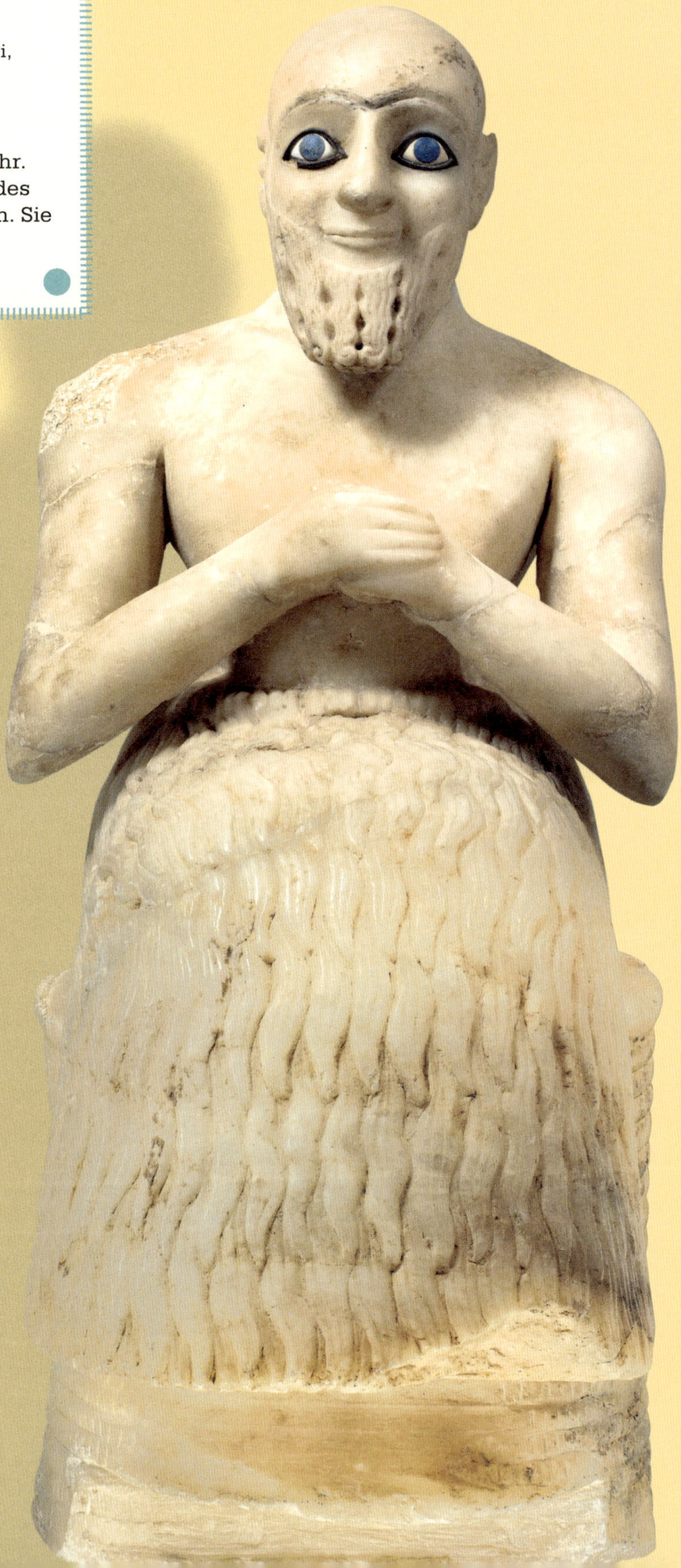

## Schau mir in die Augen …

Ich weiß, dass meine starren blauen Augen dich **hypnotisieren** können, aber weißt du was? Ich bin selbst in Trance!

Die auf der Rückseite meiner Schulter eingravierten Symbole bedeuten: »Ebiḫ-Il, Intendant, in Bewunderung vor der Göttin Ishtar«. Das hilfreichste Tattoo überhaupt, nicht wahr? Es enthält wichtige Informationen: meinen Namen, meinen Beruf und meine Aufgaben. Zudem wurde ich in einem Tempel gefunden, wo mein Volk (die alten Sumerer) der Göttin Ishtar huldigten. Das ergibt doch Sinn, oder?

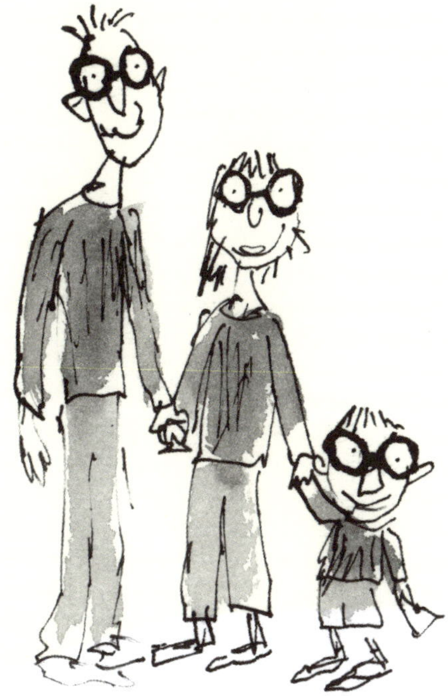

Erkennst du all die **Liebe und Bewunderung** in meinem Gesichtsausdruck? Ich sehe doch aus, als ob ich den süßesten Hundewelpen ALLER ZEITEN gesehen hätte. Der Künstler hat sich mit mir richtig Mühe gegeben – vor allem mit meinen **Augen**. Das Weiß besteht aus Muschelschalen, das Blau ist ein Halbedelstein namens Lapislazuli und der dicke schwarze Eyeliner ist aus Bitumen – dem Zeug, aus dem Straßenbelag gefertigt wird.

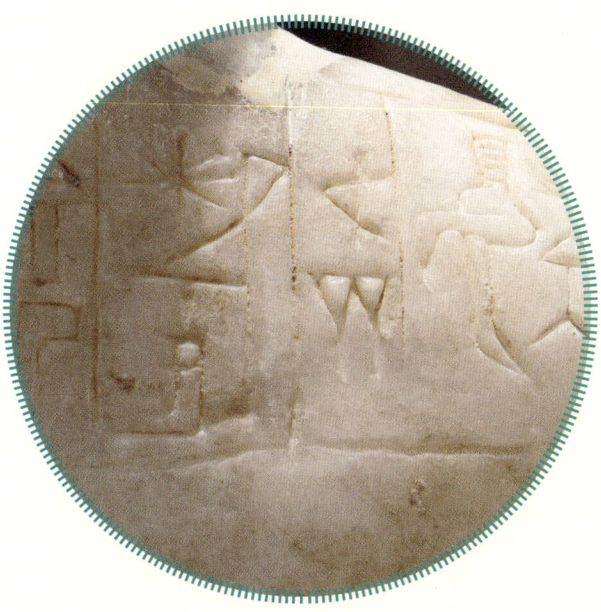

## Eine große Nummer

Zu meiner Zeit, also vor etwa 4.500 Jahren war ich **ziemlich wichtig**. Als sogenannter Intendant unterstützte ich die Verwaltung meiner Stadt Mari, einem wunderschönen, wohlhabenden Ort im damaligen Mesopotamien. Leider gibt es Mari nicht mehr. Vor ca. 90 Jahren wurde ich an einem Ort im heutigen Syrien ausgegraben.

Der Künstler hat mich als **Big Boss** dargestellt. Schau mal, wie ich sitze und die Hände falte. Mein Volk stellte in der Regel nur GÖTTER auf diese Weise dar, es ist eine SEHR große Ehre für mich. Der Künstler hat mir viel ZEIT gewidmet. Schon allein meine Augen, aber auch meinen Bart zu hauen, meinen Thron aus geflochtenem Schilf und meinen Rock aus zottigem Tierfell. Wenn ich könnte, würde ich vor Freude erröten!

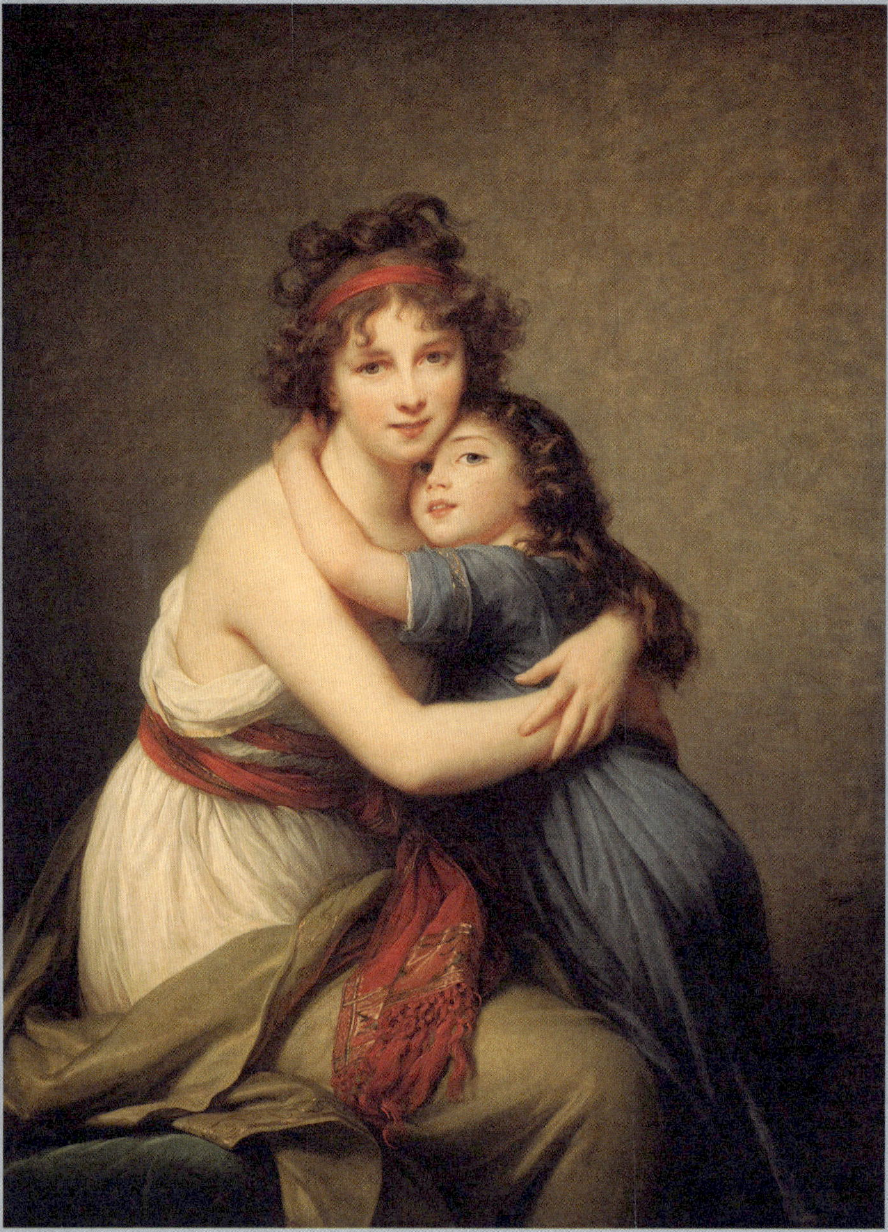

**ÉLISABETH VIGÉE-LE BRUN** (1755–1842)

# Selbstporträt mit ihrer Tochter Julie

**1789** Ölfarbe auf Leinwand

Élisabeth Vigée-Le Brun war eine französische Malerin, die im 18. Jahrhundert in der Epoche des Neoklassizismus lebte und arbeitete. Bekannt war sie insbesondere für ihre Porträts.

# MAAAMA!

*»MAMA, warum müssen wir diese Kleider tragen?«*

»Weil wir im Neoklassizismus leben, mein Liebling. Wir ziehen uns ein bisschen wie die Menschen im alten Rom oder Griechenland an, aber trotzdem irgendwie anders. In unserem Stil **mischen sich Altes und Neues**. Das ist auch in der Kunst gerade in Mode. Auf der anderen Seite scheint man in der Kunstwelt dieser Zeit auch davon überzeugt gewesen zu sein, dass große Kunst nur von Männern geschaffen wird, die andere Männer bei ›männlichen‹ Aktivitäten malen. Aber du und ich, Mädchen und Frau, Familie – wir sind GENAUSO interessant und wichtig.«

*»Okay. MAMA, warum ist den Menschen wichtig, dass wir lächeln?«*

»Heute ist das nicht mehr so, mein Liebling. Aber als ich uns vor fast 250 Jahren gemalt habe, war ein Lächeln auf Bildern nicht üblich. Die Menschen waren nicht daran gewöhnt, sie dachten, gute Kunst muss ERNST sein und der Tradition folgen. Das hieß: **kein Lächeln**, bei dem man die Zähne sieht!«

*»Komisch. MAMA, warum hast du die Wand so leer, braun und LANGWEILIG gemalt?«*

»Vielen Dank! Ganz einfach: weil WIR wichtig sind. Ich liebe dich und du liebst mich, überall und immer. Der Rest ist einfach Hintergrund.«

*»Okay. Ich liebe dich auch. Aber wenn du mich fragst, sollte die Wand REGENBOGENFARBEN sein.«*

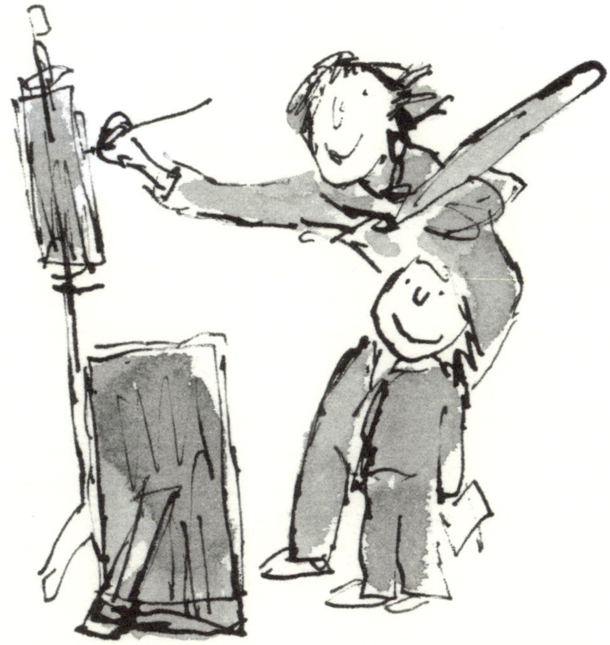

# Nichts wie weg

»Kaum vorstellbar, dass wir nur wenige Monate später **um unser Leben laufen mussten** ...«

*»Mama, sei nicht so dramatisch. Wir sind nicht gelaufen. Wir haben nur unser Zeug gepackt und sind ins Ausland gegangen.«*

»Ich muss dich doch nicht etwa daran erinnern, was unserer Freundin, Königin Marie-Antoinette passiert ist? Es war bekannt, dass ich ihre Lieblingsmalerin war. Und dann ...«

*»Ach ja, während der Französischen Revolution wollte das Volk keinen König und keine Königin, und sie haben ihr* ***den Kopf abgeschlagen.*** *Ende. Okay, das war ein bisschen brutal. Ich gebe dir einen Kuss. Hab dich lieb, Mama!«*

**JUSEPE DE RIBERA** (1591–1652)

# Der Klumpfuß

**1642** Ölfarbe auf Leinwand

Jusepe de Ribera war ein spanischer Maler und folgte einer expressiven Strömung innerhalb des Barock. Bekannt wurde er für seine dramatischen, aber realistischen Werke.

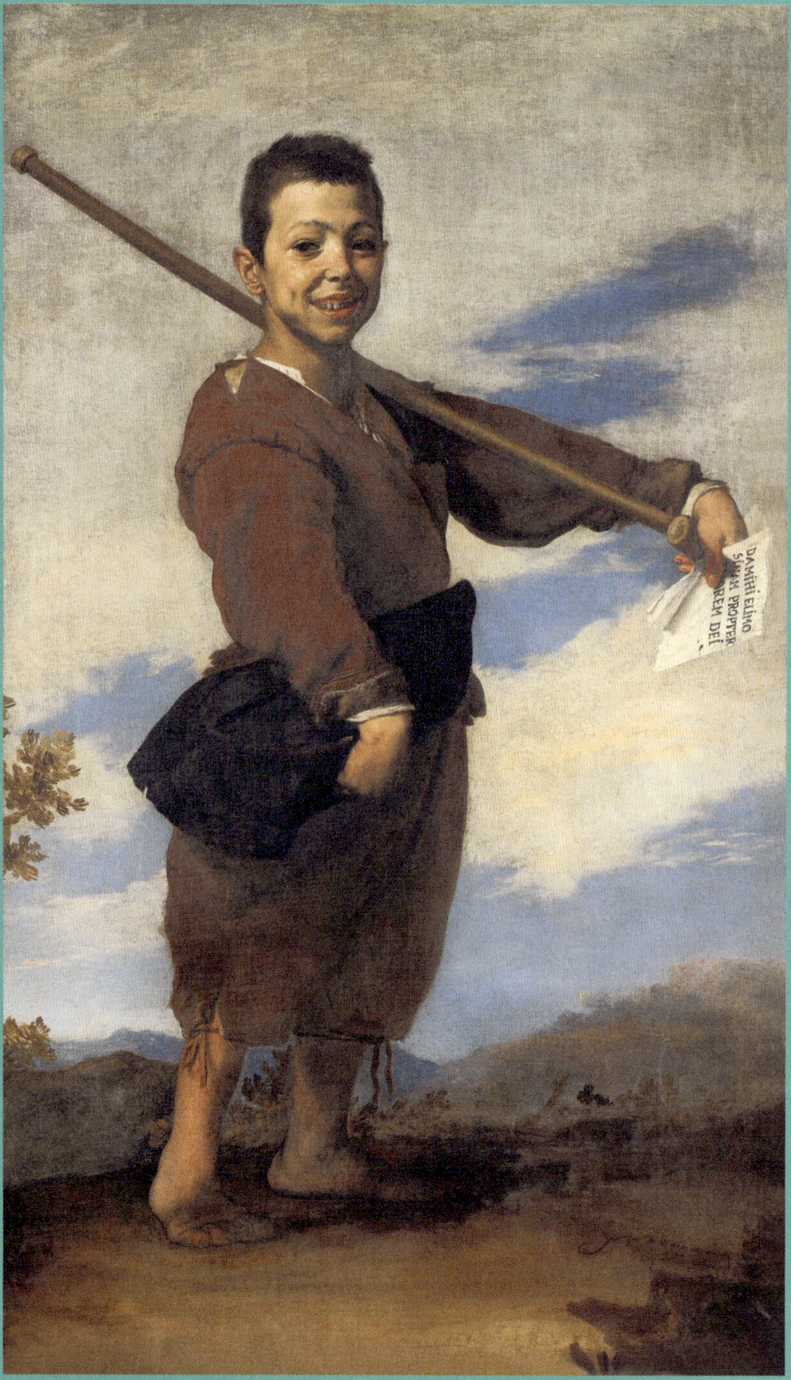

## Eh, wie hast du mich genannt?

»Der Klumpfuß«? **Ganz schön unverschämt!** Was hätte Ribera gesagt, wenn ich ihn »Der Riesenschnauzer« oder »Das faltige Pflaumengesicht« genannt hättest? Es ist ja kein Problem, einen Klumpfuß zu haben. Im Grunde ist es nur ein Teil deines Beines (eine Sehne, falls dich das interessiert), der kürzer als gewöhnlich ist. Genauso könnte man dir auch den Namen eines Körperteils anstatt deines richtigen Namens geben.

Ich vermute, der alte Ribera wollte mir einen Gefallen tun, indem er mich einfach malte. Für Menschen wie mich war es eigentlich nicht vorgesehen, für ein Bild Modell zu stehen. Die meisten Menschen waren daran gewöhnt, Könige und Königinnen und andere Wichtigtuer in goldenen Rahmen zu sehen. Aber nicht ein obdachloses Kind mit einer Behinderung, das **frecherweise** nicht einmal tragisch aussieht.

Ich will nicht lügen: Mein Leben war HART. Ich war allein, lebte auf der Straße und musste um Geld betteln, um mir ein wenig Essen kaufen zu können. Der Zettel in meiner Hand? Darauf steht »Ich bitte in Gottes Namen um eine milde Gabe [Essen oder Geld]«. Na klar, an manchen Tagen ist mir dieses Lächeln auch vergangen.

Aber als ich gemalt wurde, **fühlte ich mich so richtig gut**! Versteh mich bitte nicht falsch, es ist ziemlich langweilig, man muss nämlich EWIG ruhig stehen. Aber so was macht man ja nicht alle Tage. Und nun hänge ich in einem Palast – ein besseres Porträt als so manch ein Angeber, der dafür zahlt. Was für Trottel!

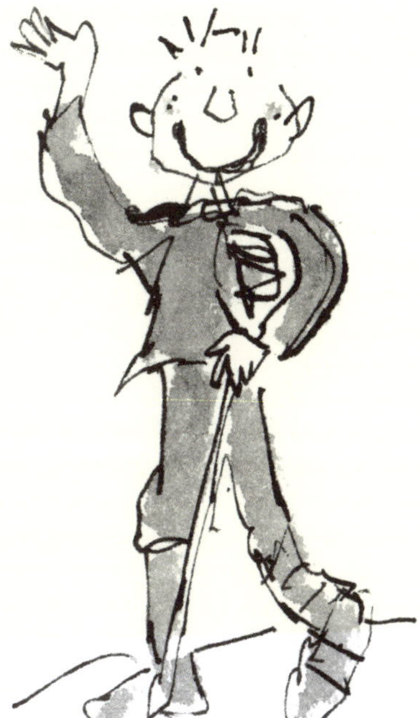

## V.I.P. (Very Important Pose)

Weißt du, was mir an meinem Bild am besten gefällt? Der blaue Himmel? Eh, ich komme aus Neapel. Hier ist meistens schönes Wetter.

Mein großer Stock? Das ist meine Krücke, die brauche ich zum Gehen. Aber ich habe sie mir wie eine Waffe über die Schulter gehängt! Damit ziehe ich die eingebildeten Soldaten durch den Kakao, die angeblich für unsere Sicherheit sorgen.

Und jetzt verrate ich dir, **was mir am besten gefällt**. Man sieht mich auf dem Bild von Kopf bis Fuß und jeder schaut ein bisschen zu mir auf. Traditionell wurden nur **Könige** oder andere wichtige Menschen in voller Körpergröße gemalt. Ribera hat in mir kleinem, schäbigen Typen etwas Besonderes gesehen, und das gefällt mir!

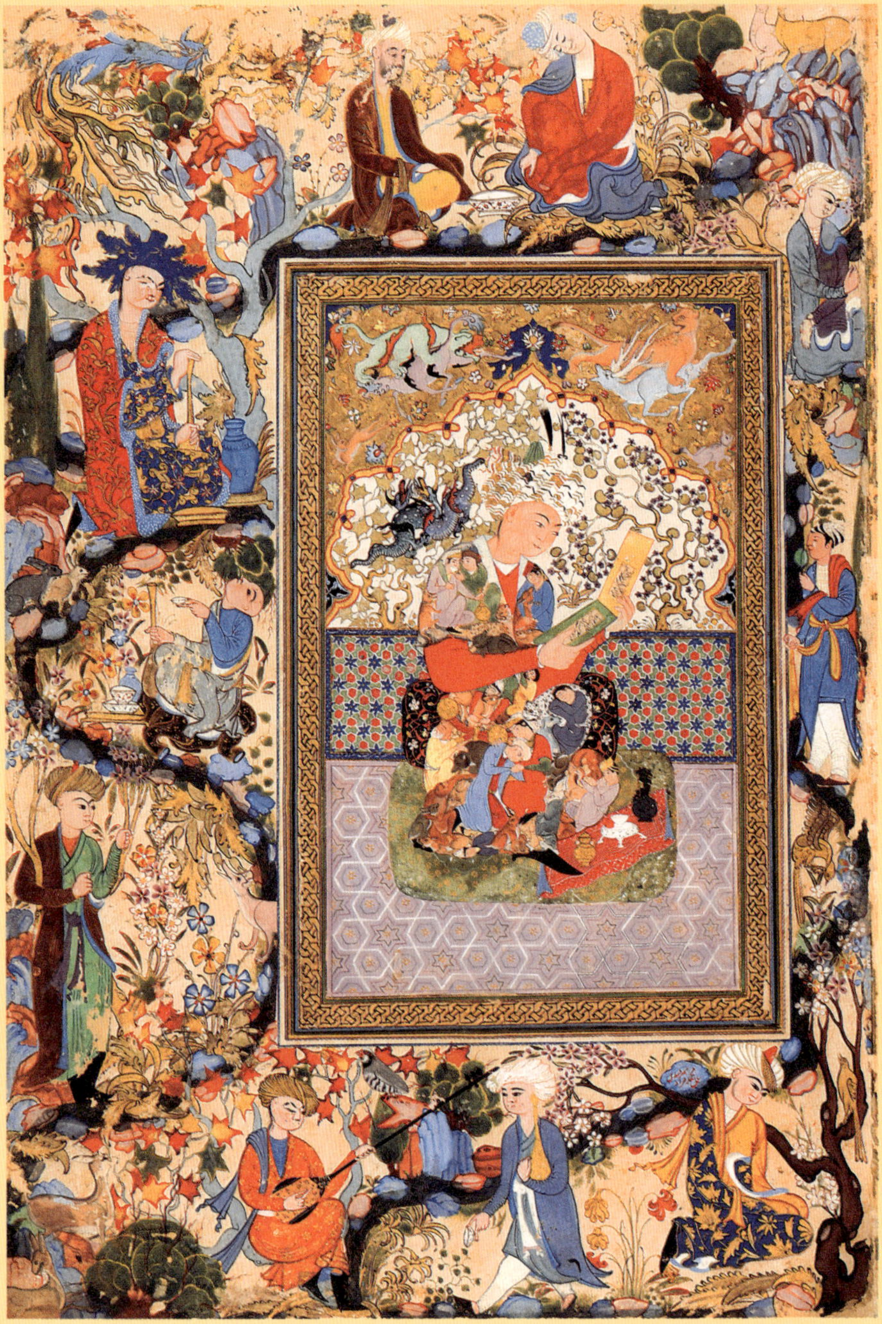

**MUHAMMAD SHARIF & MUHAMMAD MURAD SAMARQANDI** (CA. 17. JAHRHUNDERT)

# Der Leser

**1600–1615** Wasserfarbe und Gold auf Papier

Muhammad Sharif und Muhammad Murad Samarqandi waren Künstler des frühen 17. Jahrhunderts. Wahrscheinlich arbeiteten sie in Buchara (im heutigen Usbekistan), wo ihre Arbeiten gefunden wurden.

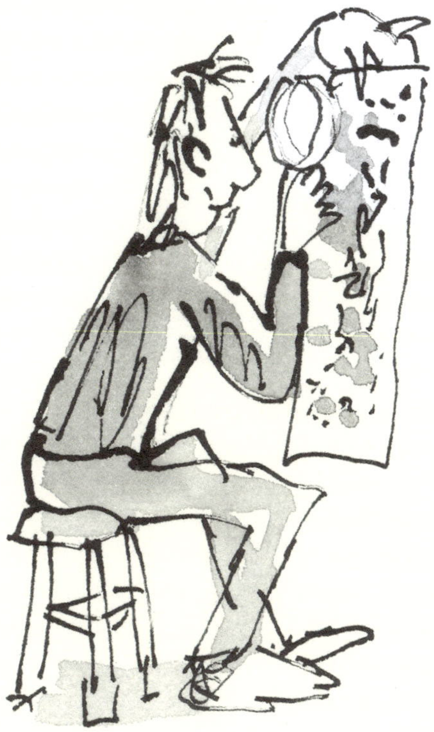

## PSSST, ich lese!

Ich möchte nicht gestört werden, wenn ich lese. Geht es dir auch so? Neulich habe ich zu Mona Lisa gesagt, dass ich sie wirklich nicht beneide – ich könnte die Menschenmassen, die sich um sie scharen, nicht ertragen! Aber wenn du ein **Bücherwurm** bist wie ich, dann magst du sicher das Kunstwerk, das ich betrachte. Es ist nämlich die erste Seite eines Buches! Ist das nicht lustig? Ich lese ein Buch in einer Buchillustration, die du in einem Buch siehst. Verrücktes Denkspiel!

Hast du bemerkt, dass sich mein Buch nach oben und nicht seitlich öffnet? Es ist eine bestimmte Art von Buch, eine **Safina** aus der islamischen Welt. (Daher stamme ich. Meine Seite wurde in Buchara, im heutigen Usbekistan gefunden.) Normalerweise stehen Essays und Gedichte in einer Safina. Das Buch, das ich lese, enthält ein Gedicht über das Vergeben. Komisch, die Experten wussten das, ohne dass ich es ihnen gesagt habe! Kannst du dir vorstellen, warum?

Schau doch mal auf die blaue, horizontale Linie links von meinem Arm. Erkennst du die arabischen Wörter in weißer Schrift? Das sind Ausschnitte aus dem Gedicht in meinem Buch! Es gibt noch weitere arabische Schriftzüge auf diesem Bild. Zum Beispiel die Signatur der beiden Künstler, die meine Seite gestaltet haben. (Sharif hat alles innerhalb des goldenen Rahmens gemalt, Samarqandi alles, was rund herum zu sehen ist.) Findest du die Signaturen? Ein kleiner Tipp: Eine steht neben meinem Po, die andere auf einem blauen Stein.

## Lebendig und wunderschön

Ist meine Seite nicht ein Fest für die Augen? **Lass uns ein Spiel spielen**, du kannst dir auch von einem Freund, einer Freundin oder einem Familienmitglied helfen lassen. Du hast 30 Sekunden, um möglichst viele Menschen und Tiere zu finden.

Versuche das danach noch einmal mit Bäumen, Blumen, Blättern und Steinen. Und dann noch einmal mit von Menschen gemachten Dingen wie Gefäßen, Tassen und sogar Musikinstrumenten. Du wirst unglaublich viel finden!

Schau mal, wie viele Menschen und Tiere allein auf meinem Kleid abgebildet sind! Ein ziemlich außergewöhnliches Design, denn all diese Menschen und Tiere winden sich in- und umeinander, sodass ein Muster entsteht.

# Die Große Sphinx von Tanis

**um 2600 v. Chr.** Rosafarbener Granit

Diese große Sphinx wurde in Tanis gefunden, einem Ort in Unterägypten. Dies ist der Teil von Ägypten, der nördlich von Kairo und dem Meer am nächsten liegt. Hier mündet der Nil in das Mittelmeer. Weiter südlich befinden sich Mittel- und Oberägypten.

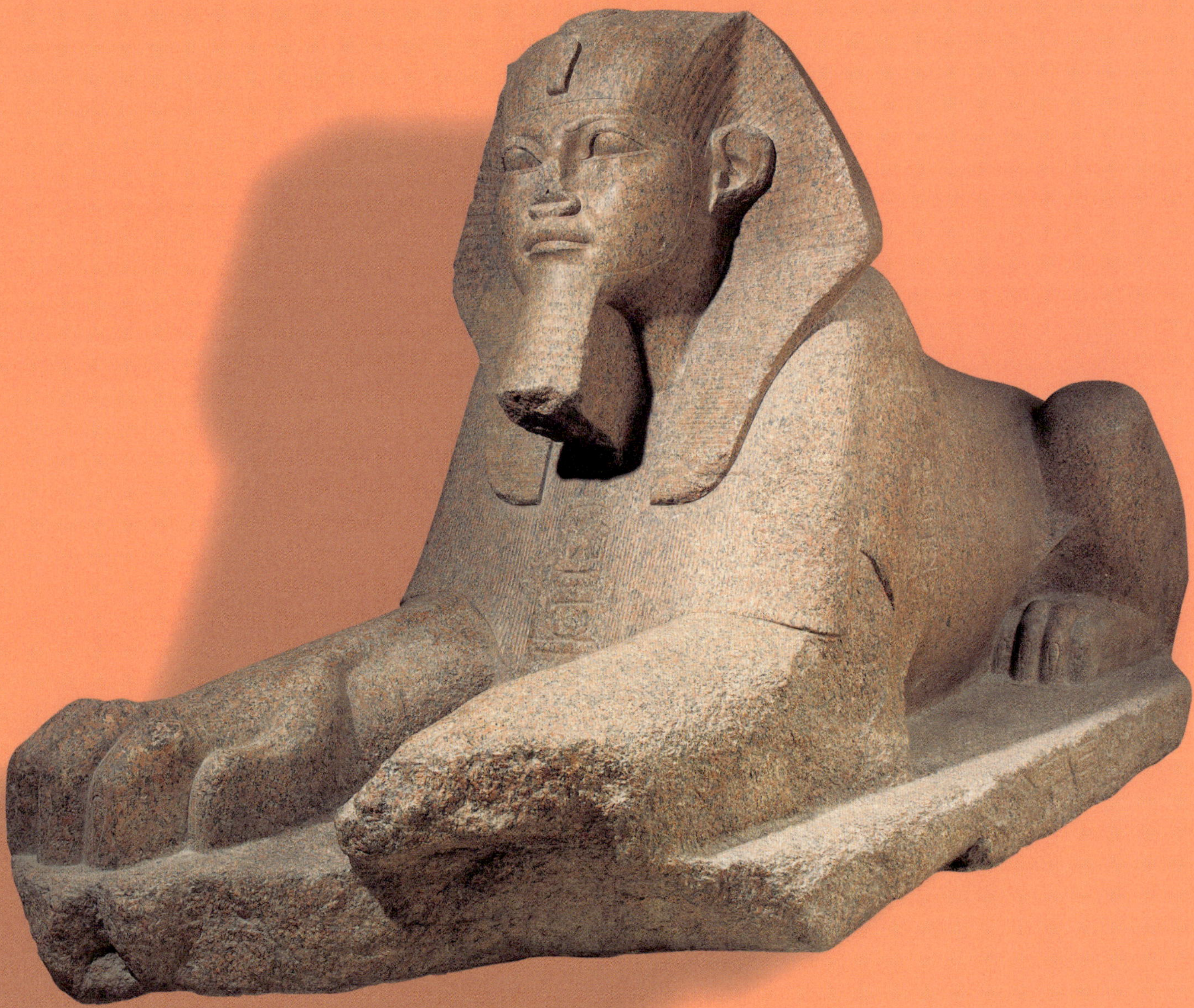

## Wer wagt es, meinen Schlaf zu stören?

Wer geht hier vorbei?! Starre mich bitte nicht so an – selbst wenn man das gut verstehen kann. **Erkläre dich!** Du musst entweder sehr mutig oder verrückt sein, wenn du die Große Sphinx von Tanis weckst. Denn ich bin der **König der Tiere und der König der Menschen**! Ich habe den Körper eines Löwen und den Kopf eines Pharaos. (Falls du im Geschichtsunterricht nicht aufgepasst hast: So heißt der oberste Anführer im alten Ägypten.)

Und das ist noch lange nicht alles! Denn Experten glauben, dass mein Löwenkörper den Sonnengott Ra darstellt. Und der Pharao, dessen Kopf ich habe, wurde als Gott in Menschengestalt geheiligt. Man kann also sagen, dass ich ein DOPPELTER Gott bin. Oohhh, das hört sich wirklich gut an.

Natürlich muss ein so erhabenes Symbol der Macht und des Mysteriums **angemessen majestätisch** sein. So zeigen sich auch meine kraftvollen, starren Gesichtszüge bis zu den langen Krallen an meinen Pfoten, findest du nicht? Ich bin größer als die meisten Menschen, mehr als doppelt so lang wie die meisten Löwen und wurde aus einem einzigen Granitblock mit einem Gewicht von mehr als 11 Tonnen gehauen, der so schwer ist wie fünf oder sechs mittelgroße Autos (wie man mir erzählt hat). Jetzt fühlst du dich wohl mickrig, stimmt's?

Wie viele andere Sphinxen bewache ich den Eingang zu einem wichtigen Gebäude, wahrscheinlich einem Tempel. Mal ehrlich: Würdest du wagen, an mir vorbeizugehen? Obwohl, im Moment bist du ja da ... Hmm, bin ich vielleicht gar nicht mehr so furchterregend?

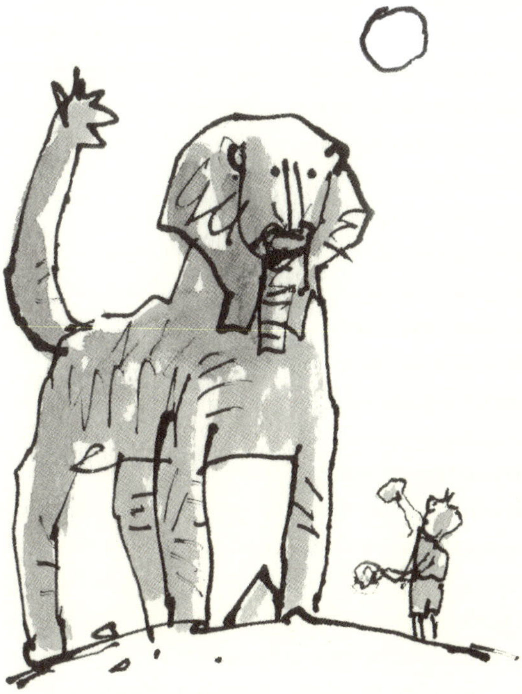

## Ein Pharao spielt nicht fair

Ich verrate dir eins: Selbst für das alte Ägypten bin ich alt. Im Laufe der Jahrhunderte sind viele Pharaonen gekommen und gegangen und haben Gefallen an mir gefunden. Und was haben sie gemacht?

Sie haben **ihre Namen** in meine Brust und meine Schultern **eingeritzt!** Stell dir das mal vor! Als sei ich nur eine Wand, auf der man sein Graffiti-Tag hinterlassen kann. Aber niemand weiß sicher, welchen Pharao ich ursprünglich darstellen sollte.

Ich habe zwar die klassischen »Nemes« eines Pharaos (gestreiftes Kopftuch), die »Uräus« (Kobra) auf der Stirn und den geraden, geflochten feierlichen Bart. Aber all dies gehörte zum »Look« eines jeden Pharaos, das hilft also nicht weiter.

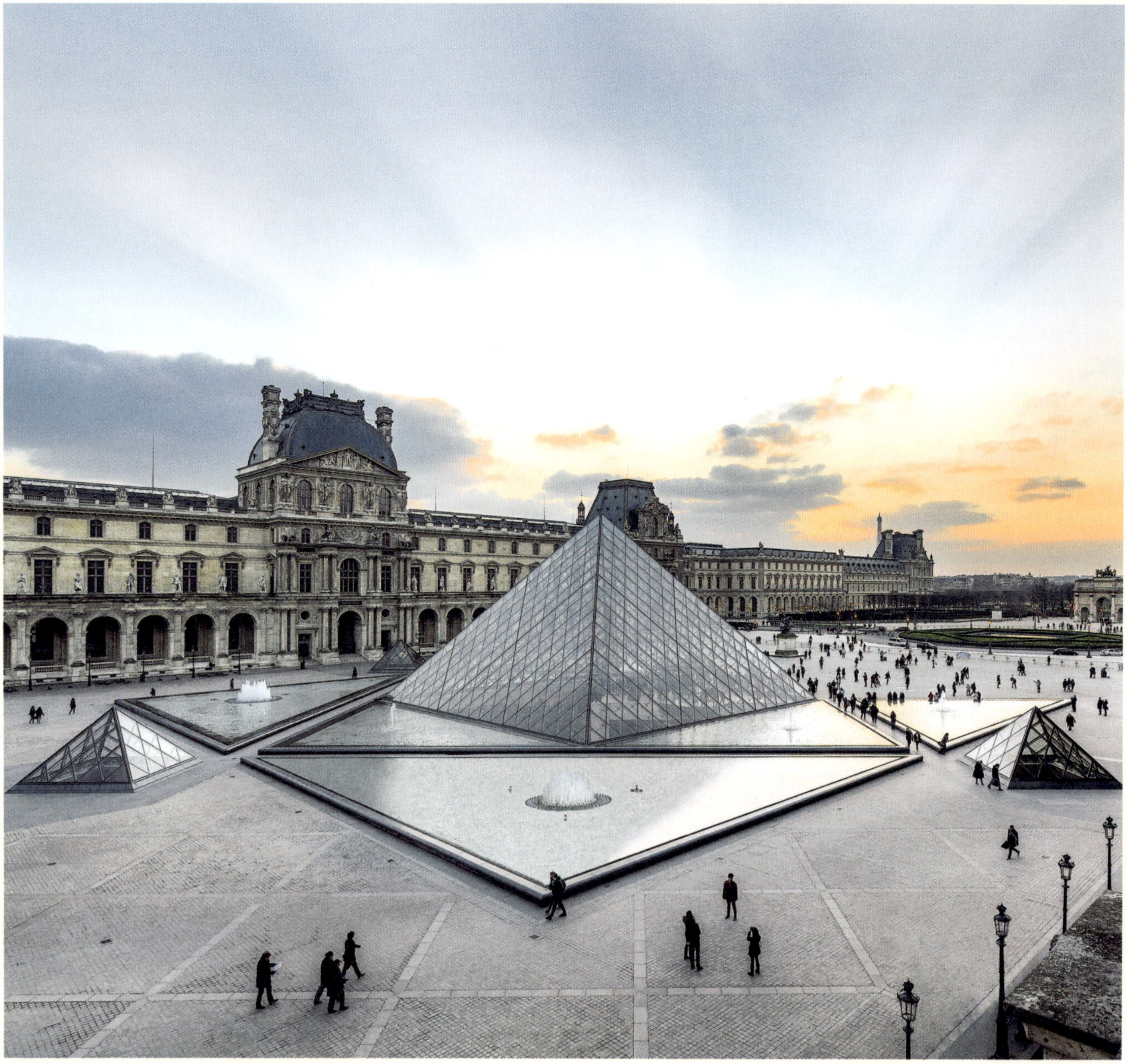

**VERSCHIEDENE ARCHITEKTEN**

# Der Louvre

**1190 bis heute** Stein, Glas, Metall und andere Materialien

Viele Architekten haben einen Beitrag zum Louvre geleistet. Darunter der Renaissance-Architekt Pierre Lescot, die Architekten Jacques Lemercier und Louis Le Vau im 17. Jahrhundert, der Architekt von Napoleon Bonaparte, Charles Percier, und im 20. Jahrhundert der chinesisch-amerikanische Architekt I. M. Pei.

## Rundgang durch die Kunst

Nun hast du einige der berühmtesten Kunstwerke des Louvre kennengelernt. Aber weißt du, wie viele Kunstwerke insgesamt hier ausgestellt sind? Lass dir ruhig einen Moment Zeit ...

Etwa **35.000**! Wenn du dir also 100 Werke pro Tag anschauen würdest, bräuchtest du fast ein ganzes Jahr, um die ganze Sammlung zu sehen. Wow! Aber ich möchte dir noch etwas erzählen. Ich selbst bin das 35.001 Ausstellungsstück, denn man darf nicht vergessen, dass der Louvre neben der größten Kunstgalerie der Welt auch selbst ein sehr beeindruckendes Kunstwerk ist.

Gebäude gelten für uns meist nicht als Kunstwerke: Man kann nicht vor seinem Zuhause, vor der Schule oder vor dem Einkaufszentrum sitzen und es anschauen. Aber vielleicht solltest du das einmal tun! Denn Gebäude müssen zwar praktisch sein – ein kunstvolles Dach ist nicht sehr hilfreich, wenn der Regen eindringt –, aber der Architekt (eine Art Gebäudekünstler) entscheidet immer auch, wie ein Ort aussehen und welches Gefühl er vermitteln soll.

Schau dir einmal dieses Foto von einem Teil des Louvre an. Wurden die Glaspyramiden wohl von derselben Person gestaltet wie die steinernen Gebäudeteile? Nein. Der Eingang ist **ganz modern**: gerade Linien und ein schlichtes, kühles Design, das sich in Form und Materialien deutlich abhebt. Siehst du die Springbrunnen? Sie sehen eher wie glänzende Glasfelder aus.

Es ist ein Gesamtkunstwerk, entworfen von dem berühmten Architekten I. M. Pei und 1989 erbaut. Manche Leute HASSEN es, aber Kunst muss nicht jedem gefallen!

## Wenn diese Wände sprechen könnten ...

Die ältesten Teile des Louvre sind mehr als **800 Jahre alt**. Stell dir vor, wie sich die Welt in dieser Zeit verändert hat! Und der Louvre hat sich mit ihr verändert. Er wurde als Burg zwischen der Seine und den Stadtmauern von Paris erbaut, um Feinde fernzuhalten. Noch heute kann man Teile der Burgmauern im Louvre betrachten. In den Burggräben kannst du heute spazieren gehen.

Paris wuchs über die Grenzen der Stadtmauer hinaus und die Burg verlor ihre Funktion als Festung. König Karl V. baute sie dann mithilfe des Architekten Raymond du Temple zu einem schicken Königspalast um. Im Laufe der Jahrhunderte haben verschiedene Könige und Königinnen alte Teile des Louvre eingerissen und neue gebaut. Künstler haben die ehrwürdigen Steinmauern durch die schönsten Statuen und andere Dekorationen aufgewertet.

Bis das französische Volk die Nase voll hatte und entschied: »Keine Könige, Königinnen und Königspaläste mehr!« Napoleon I. verwandelte den Louvre in ein **großes, öffentliches Kunstmuseum**. Sein Neffe, Napoleon III., hat den Louvre dann vor etwa 150 Jahren zu dem gemacht, was er heute ist. DREIMAL größer ist er und alle umliegenden Gebäudeteile wurden zu einem riesigen Innenhof zusammengeführt. Wie wird der Louvre wohl in 100 Jahren aussehen?

# Nachdenken über Kunst

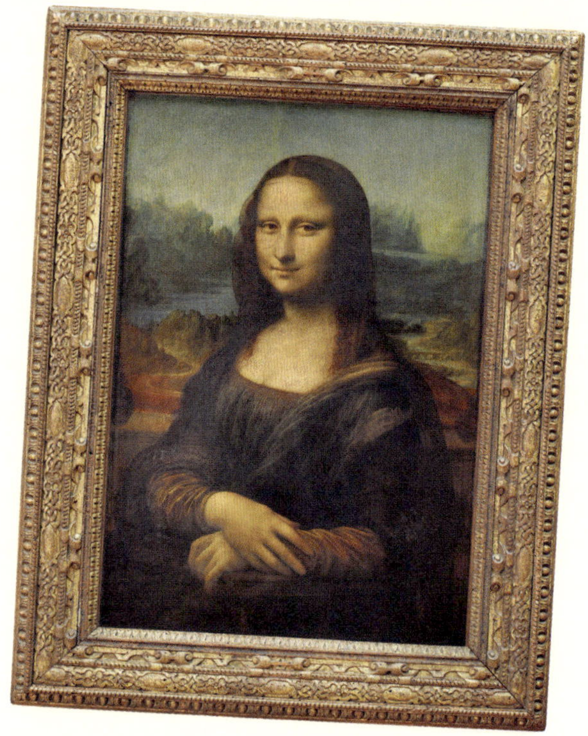

»**Hallo, da bin ich wieder**, Mona Lisa. Es ist fast Zeit, sich zu verabschieden, was ein bisschen traurig ist. Aber ich möchte dir noch ein Geschenk überreichen. Ich bin nun schon einige Jahre im Louvre. Mit der Zeit habe ich mir von den vielen Besuchern einige gute Ideen abgeguckt, wie man Kunst am besten genießen kann. Ich habe 10 Top-Tipps für dich. Finde doch einfach heraus, welcher für dich am besten passt. (Sie sind alle prima und sehr unterschiedlich. Vielleicht gefallen sie dir aber auch alle nicht und du hast eine eigene Idee.)«

## 1

Nimm dir Zeit, ein Kunstwerk zu **BETRACHTEN**, bevor du die Informationen dazu liest oder hörst. Hintergrundwissen macht Kunst lebendig, aber das wird sie auch ohne das Geplapper anderer. Vertraue auf dein Gefühl.

## 2

Suche nach den Elementen in einem Kunstwerk, die deine Aufmerksamkeit wecken und **FRAGEN** aufkommen lassen: *Warum ist das dort? Was könnte es bedeuten? Wer ist das? Warum sieht der, die oder das so aus?* Finde dann deine eigenen Antworten. Manchmal sind sie nicht eindeutig, aber darin liegt der Spaß!

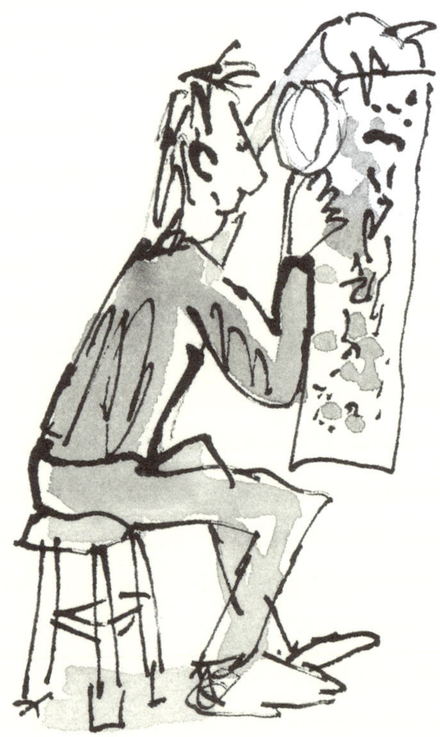

## 3

Schaue immer, **WANN** und **WO** ein Werk geschaffen wurde. Damit verschaffst du dir einen Überblick darüber, was in der jeweiligen Zeit oder an den Orten auf der Welt beliebt war. Viele Dinge ergeben dann auch einen Sinn, du erkennst Veränderungen und fragst dich vielleicht, warum etwas so ist, wie es ist.

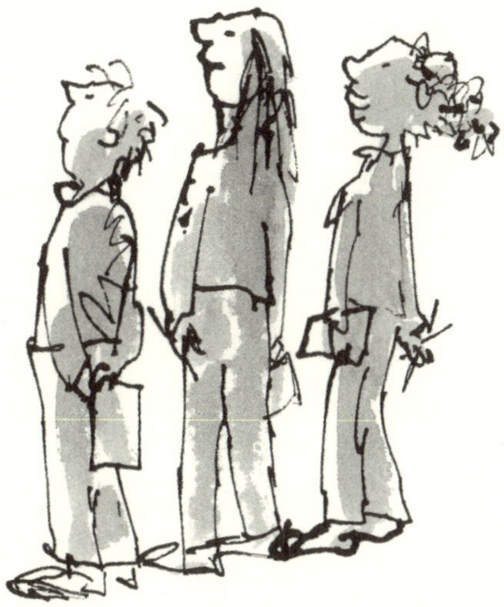

4

Gibt es **MENSCHEN** in dem Kunstwerk? Schau sie genau an. Sprich mit ihnen. Wie könnten sie gewesen sein? Wie kommst du darauf? Menschen, die von anderen Orten und aus anderen Zeiten stammen, haben wahrscheinlich ein anderes Leben geführt als du, aber sie sind immerhin Menschen! Nimm Kontakt zu ihnen auf und erzähle ihnen einen Witz.

5

Schau dir einen Teil des Kunstwerks **GANZ AUS DER NÄHE** an, zum Beispiel einen Baum, einen Bart oder einen Mantel. Erkennst du Details, die der Künstler dargestellt hat? Welche Wirkung haben sie? Zum Beispiel können hellere und dunklere Farben einen 3D-Effekt in einem Bild erzeugen.

6

Mache **PAUSEN**! Kunst kann in deinem Kopf einen Wirbelwind aus tollen Ideen und schönen Bildern auslösen – das macht **MÜDE**. Bevor du total erschöpft bist, mache eine Pause und lass dein Gehirn und deinen Körper ruhen und wieder auftanken. Du wirst schneller wieder fit und aufnahmebereit sein, als du denkst.

7

Suche nach anderen Kunstwerken desselben Künstlers oder derselben Künstlerin. Damit erhältst du einen Eindruck davon, wie er oder sie Dinge darstellt. **VERGLEICHE** dann eines seiner Kunstwerke mit einem ähnlichen Kunstwerk eines anderen Künstlers. Wo sind sie gleich – wo unterschiedlich? Dabei kannst du auf ein beliebiges Element schauen, zum Beispiel die Augen und den Blick der Personen oder die Helligkeit der Farbe.

8

Wenn du beim Betrachten von Kunst nicht weiterkommst, ist das kein Problem. Überlege gar nicht erst, ob du das Werk verstehst oder nicht. Mache einfach eine **LISTE** von allem, was dir aufgefallen ist – in deinem Kopf oder auf Papier oder sprich es einfach aus. Häufig ist eine Liste einfacher Punkte, wie »der Himmel ist blau«, »da sind zwei Vögel« usw. ein sehr guter Weg, um ein Kunstwerk wirklich kennenzulernen.

9

Konzentriere dich nicht immer auf die Mitte eines Kunstwerkes, sondern schaue dir auch den **HINTERGRUND** und die Ränder an. Wände, der Fußboden oder der Sockel einer Statue – alles gehört zum Kunstwerk dazu. Der Künstler hat sie bewusst so gestaltet, wie sie sind, und nicht anders. Vielleicht sind diese Elemente sogar viel interessanter für dich als das Hauptmotiv!

10

Überlege, was du beim Anblick des Kunstwerkes **FÜHLST**. Das ist nicht immer ganz einfach, probiere daher unterschiedliche Gefühle aus. Macht es dich glücklich? Traurig? Friedlich? Ängstlich? Es gibt keine falsche Antwort! Wenn du eine Idee hast, welche Gefühle das Kunstwerk in dir auslöst, überlege, was der Künstler gemacht hat, damit du dich so fühlst. Hierbei kann alles eine Rolle spielen, von den Farben bis zum Gesichtsausdruck des Modells.

# Zeitachse

**um 4100 bis 1750 v. Chr. – Sumerer**

Eine der frühesten bekannten Zivilisationen! Die Sumerer lebten in der Region Mesopotamien, die sich heute über den Irak, Syrien, Iran, Kuwait und die Türkei erstreckt. Die Sumerer haben das älteste Schriftsystem der Welt erfunden, die Keilschrift.

**um 3100 bis 30 v. Chr. – Altes Ägypten**

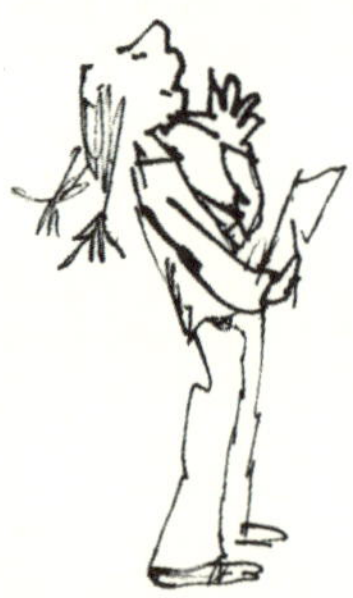

Die alten Ägypter sind eine der größten Zivilisationen der Welt und für ihre Pyramiden, Pharaonen und Mumien bekannt. Von der Vereinigung von Oberägypten und Unterägypten etwa 3.100 v. Chr. bis zum Tod von Kleopatra im Jahr 30 v. Chr. waren sie eine mächtige Nation.

**um 900 bis 600 v. Chr. – Assyrisches Reich**

Die Assyrer aus Mesopotamien eroberten nahe gelegene Länder und wurden zu einem der frühesten Imperien der Welt. Ihre Armee war die beste in der alten Welt und war mit Ausrüstung wie Wagen, Rammböcken und Eisenwaffen ausgestattet.

**753 v. Chr. bis 476 n. Chr. – Römisches Reich**

Der Legende nach wurde die Stadt Rom von den Brüdern Romulus und Remus gegründet. Die Römer errichteten ein riesiges und mächtiges Imperium, das Hunderte Jahre lang Bestand hatte, bis es von den Vandalen (einem germanischen Stamm) erobert wurde. Sie stürzten den letzten römischen Kaiser Romulus Augustulus.

**Um 750 bis 90 v. Chr. – Die Etrusker**

Die Etrusker lebten in der Region Süd- und Mittelitaliens. Sie waren eine der erfolgreichsten Kulturen im Mittelmeerraum, bis die Römer sie überholten.

**um 700 bis 31 v. Chr. – Antikes Griechenland**

Das antike Griechenland erstreckte sich über drei Hauptphasen. Die Archaik (um 700–480 v. Chr.) – in dieser Zeit wurden Stadtstaaten wie Sparta gegründet. Die Klassik (480–323 v. Chr.) war berühmt für Kunst, Theater und Philosophie. Der Hellenismus (323–31 v. Chr.) – in dieser Zeit florierten Handel und Migration. Die Epoche endete jedoch mit der Eroberung durch die Römer.

**um 500 bis 1400 – Mittelalter**

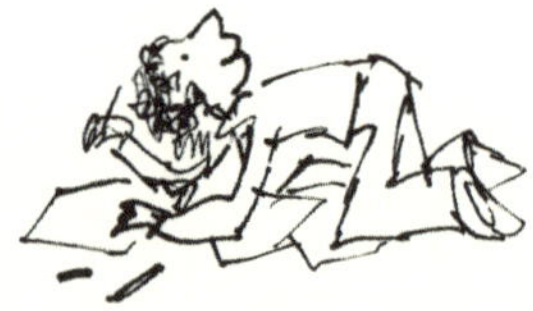

Diese Epoche in der europäischen Geschichte erstreckt sich vom Fall des Römischen Reiches bis zum Beginn der Renaissance. Es war eine schwierige Zeit, denn es herrschten Hungersnöte, Pest und Kriege. In dieser Zeit wurden auch viele Kathedralen erbaut und der christliche Glaube spielte eine wichtige Rolle.

**711 bis 1492 – Eroberung der Iberischen Halbinsel durch die Muslime**

Die muslimische Armee fiel 711 n. Chr. in Ägypten, Nordafrika und anderen Mittelmeerregionen ein. Bis 718 hatte sie die Iberische Halbinsel (das heutige Spanien und Portugal) erobert. Ihre Herrschaft in dieser Region endete 1492, als die Stadt Granada von Ferdinand II. von Aragon erobert wurde.

**1190 – Louvre als Burg**

Der Louvre war anfangs eine Burg, die König Philippe-Auguste zur Verteidigung von Paris erbauen ließ.

**um 1400 bis 1600 – Renaissance**

Renaissance ist ein französisches Wort und bedeutet »Wiedergeburt«. In dieser Epoche der europäischen Geschichte wurde das Interesse an Kunst und Literatur der antiken Welt wiedergeboren.

**1364 bis 1380 – Louvre als Schloss**

Die Burg wurde von König Karl V. und dem Architekten Raymond du Temple zu einem Königspalast umgebaut.

**um 1575 bis 1675 – Goldenes Zeitalter der niederländischen Kunst**

In dieser Epoche waren die Niederlande das reichste Land in Europa und bekannt für ihre fortgeschrittene Wissenschaft und Kunst.

**um 1600 bis 1750 – Klassik oder Barock?**

Zwei Kunstrichtungen dominierten die europäische Kunst im 17. Jahrhundert. Die während der Regentschaft Ludwigs XIV. beliebte klassische Kunst war streng, ernst und von der antiken Welt inspiriert. Die Kunst des Barocks war extravagant, ausdrucksstark und zielte darauf ab, Emotionen zu wecken.

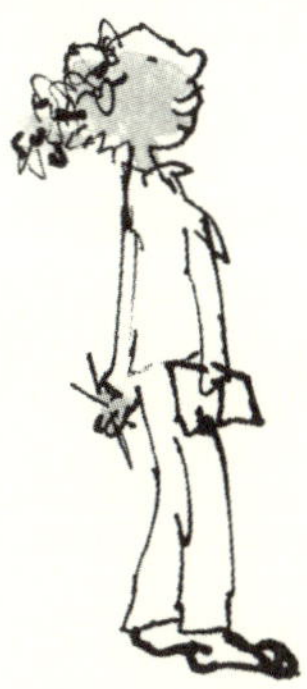

**um 1780 bis 1830 – Neoklassizismus**

In dieser Epoche der europäischen Geschichte waren die meisten beliebten Kunst- und Architekturformen von den sogenannten »klassischen« Künsten des antiken Griechenlands und Roms inspiriert. »Neo« bedeutet »neu«.

**1789 – Erste Französische Revolution**

Der Volksaufstand gegen die herrschenden Klassen in Frankreich begann am 14. Juli mit dem Sturm auf das Gefängnis Bastille. Der Monarch wurde gestürzt und König Ludwig XVI. und seine Frau Marie-Antoinette wurden 1793 getötet. Napoleon Bonaparte übernahm 1799 die Regentschaft Frankreichs.

**1793 – Louvre als Museum**

Der Louvre-Palast wurde zu einem Museum umgebaut, das am 10. August seine Tore öffnete. Der erste Direktor, Dominique Vivant Denon, wurde 1802 von Napoleon I. angestellt und sollte die Kunstsammlungen organisieren.

**um 1820 bis 1840 – Romantik**

In dieser Epoche der europäischen Geschichte waren viele Künstler und Schriftsteller davon überzeugt, dass der neoklassische Stil zu einschränkend war. Sie wollten ihre Gefühle und ihre Fantasie in der Kunst ausdrücken. Auch waren sie von der Menschheit und der Welt der Natur fasziniert.

**1830 – Zweite Französische Revolution**

Dieser Aufstand war ein Protest gegen den französischen Monarchen, der nach der Niederlage Napoleons I. erneut an die Macht gekommen war. Die sogenannte Julirevolution (27. bis 29. Juli) endete in der Absetzung des Königs Karl X. Louis Philippe wurde zum neuen »König von Frankreich«.

**um 1850 bis 1870 – Erweiterung des Louvre**

Das Museum wird gemäß dem Auftrag Kaiser Napoleons III. erweitert. Tausende neuer Kunstwerke wurden angeschafft; für die neuen Sammlungen wurden neue Gebäude gebaut.

**1911 – Mona Lisa wird gestohlen**

Leonardo da Vincis Mona Lisa wurde am 21. August von dem Museumsmitarbeiter Vincenzo Peruggia aus dem Louvre gestohlen. Sie wurde im November 1913 in Italien wiedergefunden und kehrte im Januar 1914 wieder in den Louvre zurück.

**um 1980 bis 2000 – Bau der Glaspyramide des Louvre**

Der französische Präsident François Mitterand genehmigte die Renovierung und Erweiterung des Louvre. Der Ausbau umfasste den Bau der berühmten, von I. M. Pei gestalteten Glaspyramide.

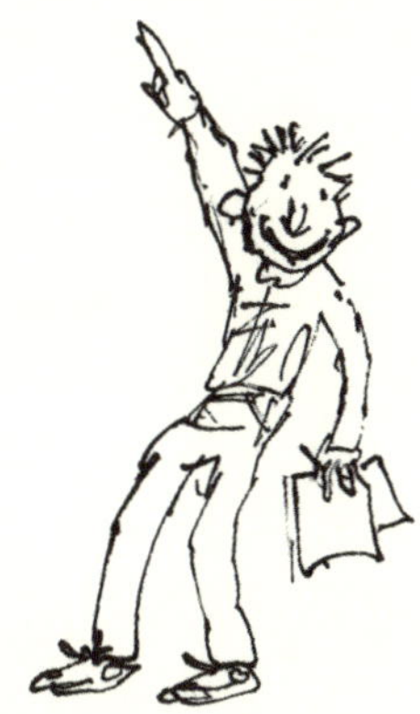

# Glossar

**3D** – Kurzform für »dreidimensional«; alles, was Tiefe, Höhe und Breite hat.

**Alabaster** – Ein blass-heller Stein. Er ist weich und leicht transparent und eignet sich sehr gut für die Bildhauerei.

**Atelier** – Ein Raum oder Platz, an dem ein Künstler arbeitet.

**Attribut** – Ein bestimmter Gegenstand oder ein Tier, der oder das mit einem Gott, einer Gottheit oder Heiligen verbunden wird, wie z. B. der Apfel mit Aphrodite.

**Aufgezogen** – Wenn ein Kunstwerk auf Leinen gemalt und auf Holz aufgezogen wird, bedeutet das, dass das Leinen auf dem Holz befestigt (wahrscheinlich aufgeklebt) wird.

**Barock** – Der beliebteste Kunststil (auch in der Architektur und andere Kunstformen) im 17. Jahrhundert. Barocke Werke waren dramatisch, groß, selbstbewusst und sollten Emotionen beim Betrachter wecken.

**Bauzeichner** – Ein Künstler mit hoher Begabung für das Zeichnen.

**Bronze** – Eine Mischung aus Kupfer und Zinn (gelegentlich auch kleinen Mengen anderer Metalle), die häufig für Skulpturen verwendet wird.

**Chiaroscuro** – Ein italienischer Begriff, zu Deutsch »Helldunkel«. Bei dieser Technik werden extreme Licht- und Schattenkontraste verwendet, die dem Kunstwerk häufig eine dramatische Stimmung verleihen.

**Commedia dell'Arte** – Eine frühe, ursprünglich aus Italien stammende Form des Theaters mit bestimmten Charakteren (z. B. dem Pierrot). Sie war in ganz Europa zwischen dem 16. und 18.Jahrhundert sehr beliebt.

**Detail** – Ein bestimmtes Merkmal, eine Einzelheit in einem Kunstwerk.

**Fälschung** – Ein speziell angefertigtes Kunstwerk (oder Teil eines Kunstwerks, wie z. B. die Unterschrift), das den Menschen vorgaukeln soll, es handele sich um ein berühmtes Werk oder das Werk eines berühmten Künstlers.

**Ganzfigur** – Der Künstler stellt eine Person in ihrer ganzen Größe vom Kopf bis zu den Zehen dar. Historisch war dies nur reichen und mächtigen Menschen oder Menschen mit hohem gesellschaftlichem Rand vorbehalten.

**Granit** – Ein harter Stein. Aufgrund der Härte müssen häufig spezielle Werkzeuge verwendet werden, um aus dem Stein eine Skulptur oder ein Monument zu hauen.

**Handwerk** – Ein Verfahren, z. B. Nähen oder Töpfern, zur Herstellung von Gegenständen mit einer Funktion (z. B. ein Kleidungsstück zum Tragen, eine Tasse zum Trinken usw.). Historisch galt »Handwerk« als der »Bildenden Kunst« (Malen, Bildhauerei usw.) unterlegen. Mit dem Begriff »Handwerk« ist viel Geschicklichkeit verbunden.

**Hintergrund** – Der Teil eines Bildes, der hinter der Hauptfigur oder dem Hauptgegenstand zu sehen ist.

**Islamische Kunst** – Werke, die von Künstler aus muslimischen Gesellschaften geschaffen wurden. Sie zeichnen sich häufig durch geometrische Muster, Pflanzen und Tiere sowie arabische Schriftzüge aus.

**Kopist** – Eine Person, die Kopien der Arbeiten anderer Menschen anfertigt.

**Kritiker** – Ein Experte, der seine Meinung zu einem kreativen Werk wie Kunst, Musik oder Büchern abgibt.

**Landschaft** – Szene aus der Natur, z. B. Berge, Felder und Wälder.

**Leinwand** – Eine Malfläche, in der Regel ein speziell präpariertes Stück Stoff, das straff auf einen Rahmen aufgezogen wurde.

**Marmor** – Ein sehr harter Stein, der meist weiß mit farbigen Adern und Mustern versehen ist und häufig für Skulpturen verwendet wird.

**Meisterwerk** – Ein herausragendes Kunstwerk, das aufgrund der außergewöhnlichen Fertigkeit oder Kreativität des Künstlers hoch gelobt wird.

**Mittelpunkt** – Ein Begriff aus der Theaterwelt, der besagt, dass ein Motiv eine herausragende Position erhält und daher viel Aufmerksamkeit bekommt.

**Motiv** – Das Hauptthema eines Kunstwerkes, z. B. eine bestimmte Person, ein Gegenstand oder ein Ereignis.

**Neoklassizismus** – bedeutet wörtlich »neuer Klassizismus«. Ein beliebter Kunststil (auch in der Architektur und anderen Kunstformen zu finden) zwischen 1780 und 1830. Neoklassische Werke sind von der Einfachheit und Ausgewogenheit der sogenannten »klassischen« Kunst des antiken Griechenlands und Roms inspiriert.

**Öl** – Eine langsam trocknende Farbe, die aus Farbpulver (Pigmenten) und Öl (meist Leinöl) besteht.

**Porträt** – Ein Bild oder eine Skulptur einer Person, die in der Regel nicht fiktiv (ausgedacht), sondern real ist.

**Pose** – Eine Position, in der eine Person für ein Kunstwerk Modell steht, sitzt oder liegt.

**Rokoko** – Ein leichter, eleganter und außergewöhnlicher Dekorationsstil, der im 18. Jahrhundert bei Künstlern (aber auch Möbelbauern und anderen Kreativen) populär war.

**Romantik** – Eine Kunstbewegung, die um 1815–1830 beliebt war. Die romantische Kunst motivierte die Künstler, ihre Individualität auszudrücken. Häufig lag der Schwerpunkt auf intensiven Gefühlen und der Fantasie sowie auf der Menschheit und der Welt der Natur.

**Sarkophag** – Ein Sarg oder ein sargähnliches Behältnis, meist aus Stein und überirdisch aufgestellt. In Sarkophagen wurden reiche und mächtige Menschen im alten Ägypten, Rom und Griechenland beerdigt.

**Schauplatz** – Der Ort und die Zeit, die in einem Kunstwerk dargestellt sind.

**Schriftrolle** – Eine Rolle Papier oder Pergament (Tierhaut), auf die geschrieben wird. Im alten Ägypten wurden Schriftrollen häufig aus Papyrus (Fasern aus Pflanzenstängeln) hergestellt.

**Selbstporträt** – Ein Porträt, das ein Künstler von sich selbst anfertigt.

**Sfumato** – Ein italienischer Begriff, der auf Deutsch »verschwommen« heißt. Mit dieser Technik lässt der Künstler die Farben leicht verschwimmen, um weiche Konturen und unscharfe Formen zu erzielen.

**Signatur** – Der Name des Künstlers auf einem Kunstwerk. Gelegentlich fügen Künstler auch andere Informationen wie das Jahr der Herstellung hinzu.

**Skizze** – Eine schnelle Zeichnung. Ein Künstler fertigt häufig eine Skizze an, bevor er mit der endgültigen Version des Kunstwerks beginnt.

**Statue** – Eine dreidimensionale, meist lebensgroße oder überlebensgroße Figur einer Person oder eines Tieres. Zur Herstellung von Stauen werden meist Stein, Holz oder Bronze verwendet.

**Stele** – Eine Steinplatte, in Schrift oder Ornamente eingraviert sind. Mit Stelen wurde in der antiken Welt an Menschen oder Ereignisse erinnert.

**Stillleben** – Ein Kunstwerk, auf dem Gegenstände wie Blumengefäße oder Obstschalen dargestellt sind.

**Symbol** – Etwas, das für etwas Anderes steht. Die Nationalflagge von Frankreich steht z. B. für Frankreich selbst, und die Frauenfigur der »Freiheit« im Bild von Delacroix *Die Freiheit führt das Volk* steht für die Freiheit.

**Terracotta** – Ein italienischer Begriff, zu Deutsch »gebackene Erde«. Es handelt sich um Ton, der in Form gebracht und dann gebacken oder gebrannt wird, damit er hart und fest wird.

**Thema** – Das Hauptthema eines Kunstwerks. Zum Beispiel bestimmte Personen, Gegenstände oder Ereignisse.

**Titel** – Der Name, den ein Künstler seinem Werk gibt.

**v. Chr.** – »vor Christus« bedeutet vor dem Jahr 1 des Kalenders, der heute in einem Großteil der Welt verwendet wird. (Jahr 1 wird als das Jahr angenommen, in dem Jesus Christus geboren wurde). Wenn ein Kunstwerk also um 2.000 v. Chr. entstanden ist, wurde es etwa 2.000 Jahre vor Jahr 1 geschaffen.

**Wasserfarbe** – Eine halbdurchsichtige Farbe. Sie besteht aus Farbpigment, das der Künstler mit Wasser mischt.

**Zepter** – Ein prunkvoller Stab, den Regenten wie Könige und Königinnen während einer Zeremonie (eines besonderen Ereignisses) tragen.

**Zugeschrieben** – Wenn ein Kunstwerk einem Künstler »zugeschrieben« wird, bedeutet dies, dass Experten es für wahrscheinlich halten, dass es von diesem Künstler geschaffen wurde, obwohl es keine Signatur (Unterschrift) oder eine andere Aufzeichnung als Beweis gibt.

## Die Autorin

**Alice Harman** ist Autorin von mehr als 40 Sachbüchern für Kinder, darunter das von Kritikern hoch gelobte Buch *Kunst mal anders*, das sie in Zusammenarbeit mit dem Centre Pompidou geschrieben hat. Ihre Bücher standen auf der Shortlist für den 2022 UKLA Book Awards und auf der Longlist für den 2021 Blue Peter Book Awards. Ihre Arbeiten wurden in 12 Sprachen übersetzt und in Zeitschriften und Zeitungen wie *The New York Times Book Review* und *The Wall Street Journal* besprochen.

## Der Illustrator

**Quentin Blake** ist ein international gefeierter Illustrator, der mit bekannten Autoren wie Roald Dahl, Russell Hoban, John Yeoman, David Walliams und Joan Aiken zusammengearbeitet hat. Er ist Gewinner der Kate-Greenaway-Medaille und des Hans-Christian-Andersen-Preises, wurde 2013 zum Ritter geschlagen und erhielt 2014 den Orden der französischen Ehrenlegion.

# Die Kunstwerke

Die Maße der Werke sind in
Höhe × Breite × Tiefe in
Metern/Zentimetern angegeben.

**SEITE 3, SEITE 6, SEITE 9 (Detail)**
**Leonardo da Vinci**
*Mona Lisa*, 1503–1519
Ölfarbe auf Holz (Pappel), 79,4 × 53,4 cm
© 2007 Louvre / Angèle Dequier

**SEITE 10**
**Leonardo da Vinci**
*Porträt einer unbekannten Dame*,
um 1490–1497
Ölfarbe auf Holz (Walnuss), 63 × 45 cm
© Louvre, RMN – Grand Palais / Angèle
Dequier

**SEITE 12**
Venus von Milo,
Ende 2. Jahrhundert v. Chr.
Parischer Marmor, Höhe 2,04 m
© Louvre, RMN – Grand Palais / Anne Chauvet

**SEITE 16**
**Rembrandt van Rijn**
*Selbstporträt an der Staffelei*, 1660
Ölfarbe auf Leinwand, 111 × 85 cm
© 2005 Louvre / Angèle Dequier

**SEITE 18**
Geflügelte menschliche Bullen, 721–706 v. Chr.
Marmor, 4,2 × 4,36 × 0,97 m
© 2016 Louvre / Raphael Chipault und
Benjamin Soligny

**SEITE 20, SEITE 21 (Detail)**
**Georges de La Tour**
*Der Falschspieler mit dem Karo-Ass*,
um 1632–1640
Ölfarbe auf Leinwand, 106 × 146 cm
@ Louvre, RMN – Grand Palais / Angèle
Dequier

**SEITE 22**
Zepter von Karl V. (Charlemagne-Zepter),
um 1364–1380
Gold (Blume oben zuvor emailliertes Gold),
Schaft aus vergoldetem Silber, Perlen, Balas
Rubin (Rubinspinell), blaues und grünes Glas,
60 × 7 cm
Foto RMN – Grand Palais (Louvre) / Jean-
Gilles Berizzi

**SEITEN 24–25**
**Paolo Caliari, Veronese genannt**
*Die Hochzeit zu Kana*, 1562–1563
Ölfarbe auf Leinwand, 6,77 × 9,94 m
©Louvre, RMN – Grand Palais / Angèle
Dequier

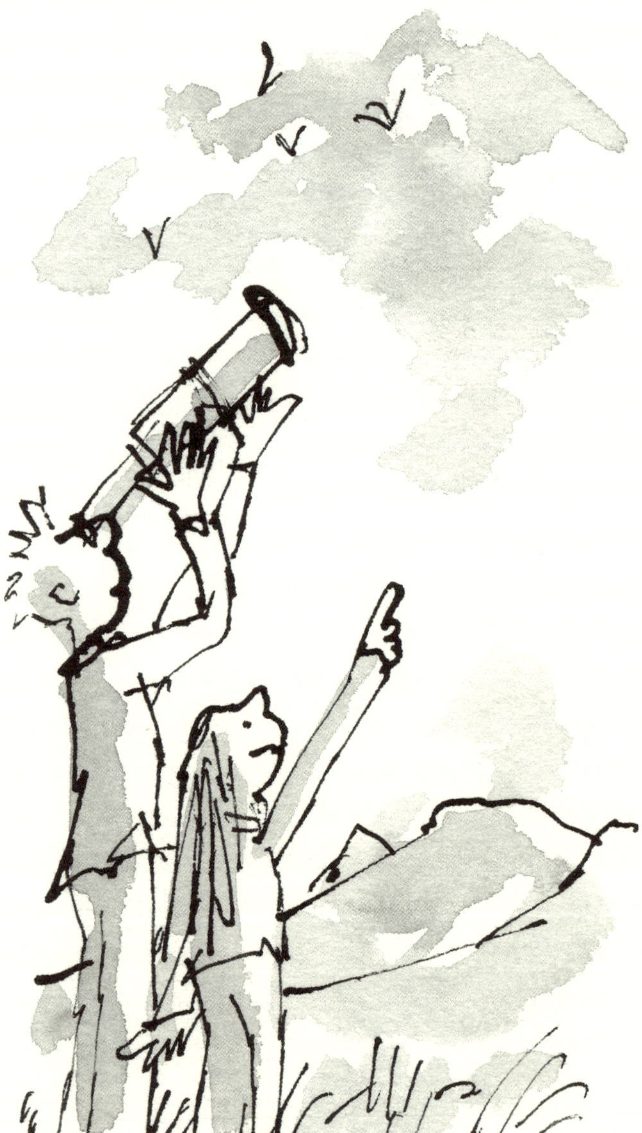

**SEITE 28, SEITE 29 (Detail)**
**Jean Siméon Chardin**
*Der Rochen*, um 1725–1726
Ölfarbe auf Leinwand, 114,5 × 146 cm
© Louvre, RMN – Grand Palais / Angèle Dequier

**SEITE 30**
**Jean-Auguste-Dominique Ingres**
*Die Badende von Valpincon*, 1808
Ölfarbe auf Leinwand, 146 × 97,5 cm
© Louvre, RMN – Grand Palais / Angèle Dequier

**SEITE 32**
**Judith Leyster**
*Lustige Gesellschaft*, 1630
Ölfarbe auf Holz, 68 × 57 cm
Foto RMN – Grand Palais (Louvre) / Franck Raux

**SEITE 34**
*Stele von Prinzessin Nefertiabet*, 2590–2533 v. Chr.
Bemalter Kalkstein, 37,7 × 52,5 × 8,3 cm
© 2013 Louvre / Christian Décamps

**SEITE 37**
Detail eines Wandbildes, um 1479–1425 v. Chr.
Wandgemälde, 68 × 94 cm
Foto Louvre, Abt. RMN-Grand Palais / Christian Décamps

**SEITE 38, SEITE 39 (Detail)**
**Eugène Delacroix**
*Die Freiheit führt das Volk (28. Juli 1830)*, 1830
Ölfarbe auf Leinwand, 2,6 × 3,25 m
© Louvre, RMN – Grand Palais / Philippe Fuzeau

**SEITE 40**
**Pierre Puget**
*Milon von Kroton*, 1672–1682
Carrara-Marmor, 2,7 × 1,4 × 0,8 m
© 2009 Louvre / Pierre Philibert

**SEITE 42, SEITE 43 (Detail)**
*Sitzender Schreiber*, um 2620–2500 v. Chr.
Kalkstein, Alabaster, Bergkristall und Kupfer, 53,7 × 44 × 35 cm
© Louvre, RMN – Grand Palais / Christian Décamps

**SEITE 44**
**Constance Mayer**
*Der Traum vom Glück*, 1819
Ölfarbe auf Leinwand, 1,32 × 1,84 m
Foto RMN – Grand Palais (Louvre) / Daniel Arnaudet

**SEITE 46**
**Guillaume Coustou**
*Die Pferde von Marly*, 1745
Carrara-Marmor, 3,55 × 2,84 × 1,27 m
Links: © 1997 Louvre / Pierre Philibert
Rechts: © 1997 Louvre / Pierre Philibert

**SEITE 48, SEITE 51 (Detail)**
**Théodore Géricault**
*Das Floß der Medusa*, 1818–1819
Ölfarbe auf Leinwand, 4,9 × 7,16 m
© Louvre, RMN – Grand Palais / Angèle Dequier

**SEITE 52**
Der Löwe von Monzón, um 1100–1300
Bronze, 31,5 × 54,5 × 13,7 cm
Foto RMN – Grand Palais (Louvre) / Herve Lewandowski

**SEITE 54**
**Jan Vermeer**
*Die Spitzenklöpplerin*, um 1669–1670
Ölfarbe auf Leinwand, 24 × 21 cm
© 2005 Louvre / Angèle Dequier

**SEITE 58**
Ehegatten-Sarkophag, um 520–510 v. Chr.
Terracotta, bemalt, 1,14 × 1,9 m
© Louvre, RMN – Grand Palais / Philippe Fuzeau

**SEITE 60**
**Claude Lorrain**
*Die Ausschiffung der Kleopatra bei Tarsus*, um 1642–1643
Ölfarbe auf Leinwand, 1,19 × 1,68 m
Foto RMN – Grand Palais (Louvre) / Stéphane Maréchalle

**SEITE 62**
**Giuseppe Arcimboldo**
*Sommer*, 1573
Ölfarbe auf Leinwand, 76 × 64 cm
Foto RMN – Grand Palais (Louvre) / Jean-Gilles Berizzi

**SEITE 64**
Nike von Samothrake, um 220–185 v. Chr.
Parischer Marmor (Statue), Grauer Lartos Marmor (Schiff und Sockel); Statue 2,75 m, Schiff 2 m, Sockel 36 cm; Gesamthöhe 5,11 m
© 2014 Louvre / Antoine Mongodin

**SEITE 66**
**Jean-Antoine Watteau**
*Gilles*, um 1718–1719
Ölfarbe auf Leinwand, 1,85 × 1,5 m
© Louvre, RMN – Grand Palais / Angèle Dequier

**SEITEN 68–69, SEITE 70 (Detail)**
**Jacques-Louis David**
*Die Krönung in Notre Dame*
(oder *Krönung von Kaiser Napoleon I. und der Kaiserin Josephine in der Kathedrale Notre Dame, Paris, 2. Dezember 1804*), 1806–1807
Ölfarbe auf Leinwand, 6,21 × 9,79 m
© Louvre, RMN – Grand Palais / Angèle Dequier

**SEITE 72, SEITE 73 (Detail)**
Statue des Ebiḫ-Il, um 2400 v. Chr.
Alabaster mit Lapislazuli, Muschelschalen und Bitumen, 52,5× 20,6 × 30 cm
© 2011 Louvre / Raphaël Chipault

**SEITE 74**
**Élisabeth Vigée-Le Brun**
*Selbstporträt mit ihrer Tochter Julie*, 1789
Ölfarbe auf Leinwand, 130 × 94 cm
©Louvre, RMN – Grand Palais / Angèle Dequier

**SEITE 76**
**Jusepe de Ribera**
*Der Klumpfuß*, 1642
Ölfarbe auf Leinwand, 164 × 94 cm
© Louvre, RMN – Grand Palais / Angèle Dequier

**SEITE 78**
**Muhammad Sharif & Muhammad Murad Samarqandi**
*Der Leser*, 1600–1615
Wasserfarbe und Gold auf Papier, Buchseite 36,9 × 25 cm
Rahmen 22,1 × 14,2 cm
Rahmeninneres 19,6 × 11,5 cm
© 2007 Louvre / Claire Tabbagh / Collections Numériques

**SEITE 80**
Die Große Sphinx von Tanis, um 2600 v. Chr.
Rosafarbener Granit, 1,83 × 4,8 × 1,54 m
© Louvre, RMN – Grand Palais / Christian Décamps

**SEITE 82**
Die Glaspyramide des Louvre
© Louvre, RMN – Grand Palais / Olivier Ouadah

# Index

Für Willa und David

**IMPRESSUM**


ISBN 978-3-03876-269-0

Herausgeber: Gregory C. Zäch
Übersetzung: Martina Panzer
Lektorat: Dr. Friederike Römhild
Korrektorat: Claudia Koch
Layout: Ulrich Borstelmann

Midas Verlag AG
Dunantstrasse 3
CH 8044 Zürich

www.midas.ch

Der Midas Verlag wird vom Bundesamt für Kultur
für die Jahre 2021–2024 unterstützt.

Published by arrangement with Thames & Hudson Ltd, London,
*Mona Lisa and the Others** © 2022 Thames & Hudson Ltd, London
Text © 2022 Alice Harman
Illustrations © 2022 Quentin Blake

Die deutsche Nationalbibliothek verzeichnet diese Publikation in der
Deutschen Nationalbibliografie; detaillierte bibliografische Daten
sind im Internet abrufbar unter: http://www.dnb.de



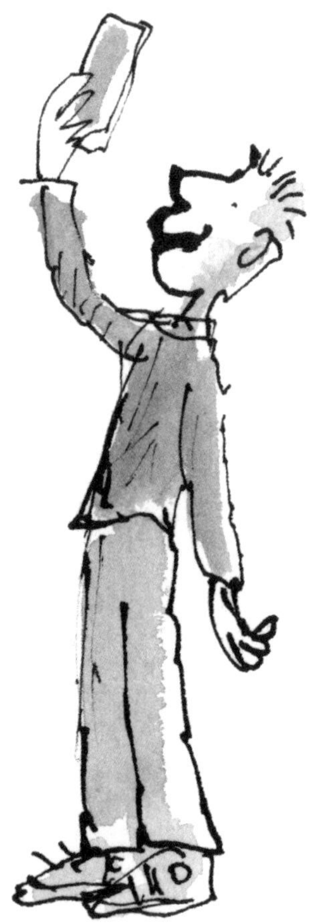